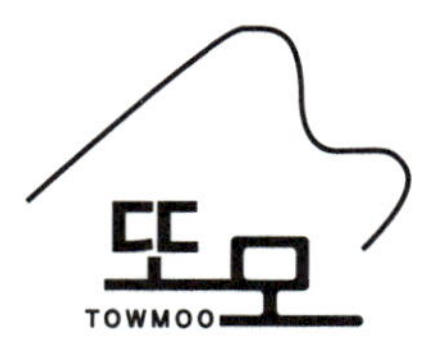

초심자부터 전공자까지

정소윤의

이지 클래식

EASY CLASSIC

피아니스트 정소윤

'다양한 색채와 섬세한 감성의 연주'라는 평을 받으며 독주자, 실내악주자, 교육자로 활발히 활동 중인 피아니스트 정소윤은 예원, 서울예고(실기우수상, 음악공로상, 육성회장상 수상)를 졸업하고 서울대학교 기악과 피아노 전공을 수석 입학·수석 졸업하여 졸업 시 최우등상과 서울대학교 총동창회장상을 수상하였다. 또한 동 대학원 석사 과정을 수석으로 졸업하고 동 대학원 박사 과정 1호로 전액 장학생 재학 중 도미, 클리브랜드 콘서바토리(Cleveland Institute of Music), 인디애나 음악대학(Indiana University)에서 Artist Diploma(최고 연주자 학위)를 취득하였다. 특히 인디애나 음악대학에 음악대학 전체 교수의 만장일치로 합격하여 전액 장학금뿐 아니라 생활비까지 지원받는 조건으로 전설적인 거장인 메나헴 프레슬러(Menahem Pressler)에게 가르침을 받았다. 유학 당시에는 한미문화재단의 장학생으로 선정되었고 서울대학교 장기 해외 연수 장학생으로 선정되어 그 실력을 인정받았다. 귀국 후 서울대학교에서 '예후디 와이너의 피아노 협주곡 <Chiavi in Mano> 분석 연구'라는 제목의 논문으로 서울대 음대 전체 수석으로 박사 학위를 취득하였다.

국내에서는 일찍이 조선일보, 삼익, 음연, 틴에이저 등 주요 콩쿠르를 석권하며 피아니스트로서 두각을 나타냈으며 국외에서도 International Society of Arts and Letters Instrumental Music Competition 1위, International Matinee Musicale Competition 2위, Cleveland Orchestra Atist-in-Residence Fellowship Competition 1위를 차지하며 연주력을 인정받았다. 그중 International Society of Arts and Letters Instrumental Music Competition의 우승자로서 Jordan Art Center에서 가진 연주는 미국 Bloomington TV에서 생중계되어 주목받기도 했다.

금호 영아티스트 콘서트의 오디션에 합격하여 금호아트홀에서 초청 독주회를 가진 것을 시작으로, 미국에서는 Cleveland Mixon Hall, Recital Hall, Indiana Auer Hall, Ford Hall 등에서 다수의 독주회와 아홉 차례의 실내악 연주회, 피아노 협주곡 협연, Piano Festival 초청 공연 등의 연주로 다양한 연주 활동을 하였다. 귀국 후에는 금호아트홀에서의 귀국 독주회를 시작으로 광명심포니오케스트라와의 협연을 비롯, 예술의전당, 영산아트홀, 금호아트홀, 세종문화회관, 부산문화회관 등에서 활발한 독주 및 실내악 활동을 하고 있으며, Beijing International Music Festival, Harong Bei International Music Festival, London International Music Festival 등에서 초청 연주를 가졌다.

또한 연주자로서뿐만 아니라 학구적인 열정을 지닌 교육자로서 영역을 구축해 온 그녀는, 미국 유학 당시 인디애나 음악대학에서 Associate Instructor로 임용되어 피아노 실기 및 그룹 피아노 클래스를 가르쳤으며 서울대학교의 피아노과 조교 및 연구 조교를 역임하였다. 귀국 후 서울대학교, 전남대학교, 세종대학교 등 국내 유수의 대학에서 강사를 역임하였고, 현재 건국대학교 겸임교수로 재직하며 남해 뮤직 아카데미, 프랑스 Musicalita Summer Festival 교수진으로 활동 중이며 예원학교, 서울예고, 선화예중·고에 출강하며 후학 양성에 힘쓰고 있다. 또한 클래식의 대중화에 누구보다 큰 관심을 가지고 있어, 개인 유튜브 채널 <정소윤의 음악노트>를 운영 중이며 인기 유튜버 <또모>와 함께 한 영상은 총 누적 조회 수 4,000만여 회 이상을 기록하는 등 큰 활약을 보이고 있다.

안녕하세요.

피아니스트 정소윤입니다.

<피아니스트 정소윤의 이지 클래식> 콘서트를 여러 차례 진행해오면서 '연주회에서 들었던 곡을 나도 한번 연주해 보고 싶다!'는 열망이 가득하신 분들을 많이 만나게 되었습니다.

또한 여러 가지 사정으로 제대로 레슨받기 어렵지만 클래식 피아노 곡 한 곡쯤은 멋지게 연주해 보고 싶으신 분들, 악보에 쓰인 음표 말고 어떻게 표현해야 할지 모르시겠다는 분들도 많이 만나 뵙게 되면서 많은 고심 끝에 이번 악보집을 준비하게 되었습니다.

이번 악보집에는 그간 연주회에서 들려 드렸던 작품들, 그리고 여러 콘텐츠에서 다루어져 친숙한 작품들을 엄선하여 실어 보았습니다. 그리고 단순한 셈여림뿐 아니라 작품에서 필요한 분위기와 느낌, 프레이징까지 최대한 저의 많은 코멘트들을 적어 놓아 다른 레슨 없이도 작품을 멋지게 연주할 수 있도록 도움을 드리고자 하였습니다.

동서고금을 초월하여 오랜 세월 사랑받아 온 클래식 작품들의 진정한 아름다움을 많은 분들과 함께 나누고 싶었던 저의 마음이 여러분께 가닿기를 바랍니다. 더불어 끈기 있는 연습으로 멋진 연주를 해내실 여러분께 응원과 사랑을 전합니다.

감사합니다.

contents

Waltz in a minor

B. 150, Op. Posth

Nocturne

Op. 9, No. 2

Étude

Op. 10, No. 1

Étude

Op. 10, No. 3

Étude

Op. 10, No. 4

Étude

Op. 25, No. 11

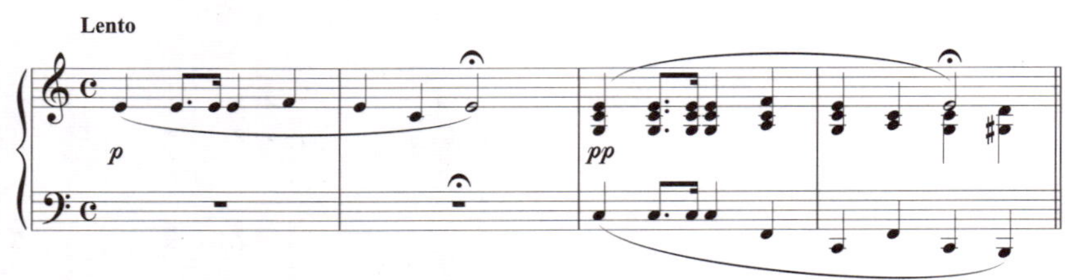

Fantaisie-Impromptu

Op. 66

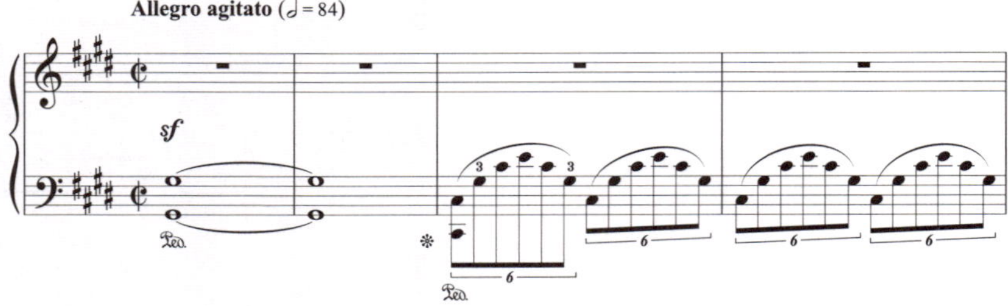

Ballade in g minor

Op. 23

Ballade in f minor

Op. 52

요한 세바스찬 바흐

(Johann Sebastian Bach, 1685~1750)

바흐는 음악의 아버지라 불릴 정도로, 이후 클래식 음악의 뿌리가 되는 음악적인 기초를 세우고 바로크 시대의 중요하고 아름다운 작품을 많이 남긴 작곡가입니다.

그의 작품 「평균율 클라비어 곡집」은 2권으로 되어 있는데 그중 '프렐류드 1번'은 어렵지 않으면서도 아름다워 피아노 초보인 분들에게 많이 추천드리는 작품입니다. 같은 패턴이 반복되고 양손을 번갈아 가면서 연주할 수 있어 패턴에 익숙해지기만 한다면 쉽게 발전할 수 있는 곡입니다. 이 곡에서는 왼손 5번이 연주하는 베이스라인을 중요하게 생각해야 합니다. 그리고 한 마디에 두 번씩 바뀌는 화음들을 귀 기울여 들으며 화음의 울림과 변화를 만끽해 보세요. 그 변화에 따라 셈여림을 자연스럽게 표현해 본다면 수채화에 채색하듯 아름다운 연주를 할 수 있을 거예요.

Prelude No. 1 in C Major

BWV 846

J. S. Bach

감7화음 특별하게 느끼기 = 조금 작게 해 봐도 좋아요.

(pp)
p

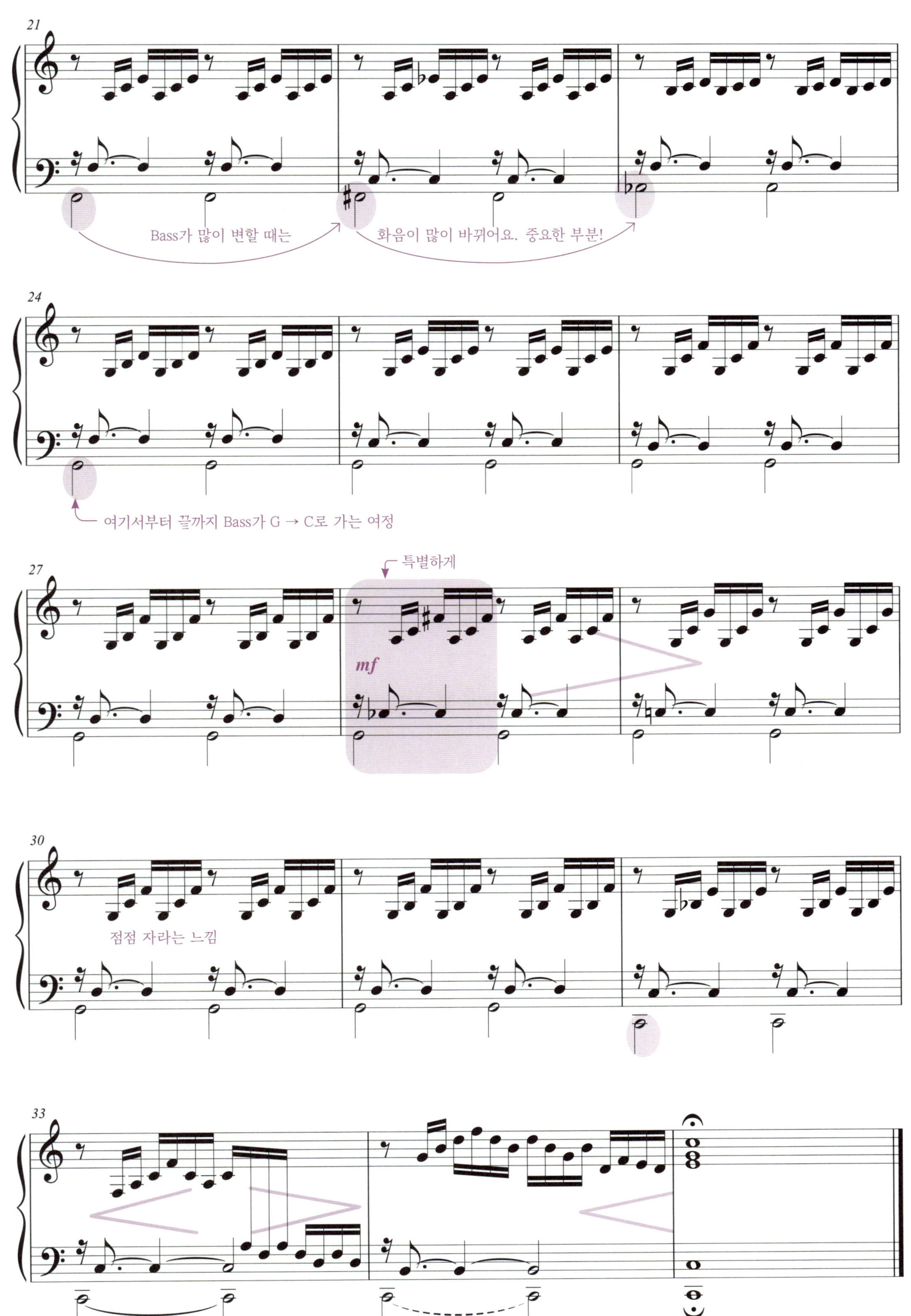

21
Bass가 많이 변할 때는
화음이 많이 바뀌어요. 중요한 부분!
24
여기서부터 끝까지 Bass가 G → C로 가는 여정
27
특별하게
mf
30
점점 자라는 느낌
33

볼프강 아마데우스 모차르트

(Wolfgang Amadeus Mozart, 1756~1791)

'역사상 가장 위대한 음악 천재'라 불리는 모차르트는 모든 세대와 나라를 통틀어 가장 사랑받는 클래식 작곡가입니다. 그의 반짝이면서도 재치 있는 작품들은 영화나 드라마, CF 등에서도 많은 사랑을 받고 있지요.

그의 '피아노 소나타 C Major(다장조), K. 545 1악장'은 너무도 유명해서 각종 매체의 배경음악으로도 많이 사용되었던 작품인데요. 밝고 경쾌한 느낌으로 선명하게 멜로디 부분을 연주하고 그보다 작게 반주 부분을 연주하는 것이 중요합니다. 악보는 간단해 보이지만 16분음표를 고르게 연주하는 것이 은근히 까다로운 곡입니다. 악보에 적어 놓은 코멘트들에 신경 쓰며 꾸준히 연습해 보세요!

Piano Sonata in C Major

K. 545, 1st mov.

W. A. Mozart

Allegro

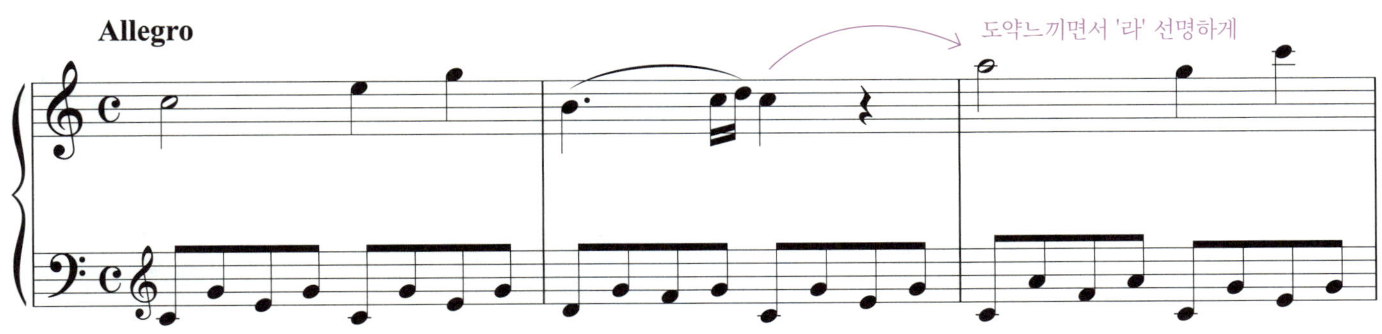

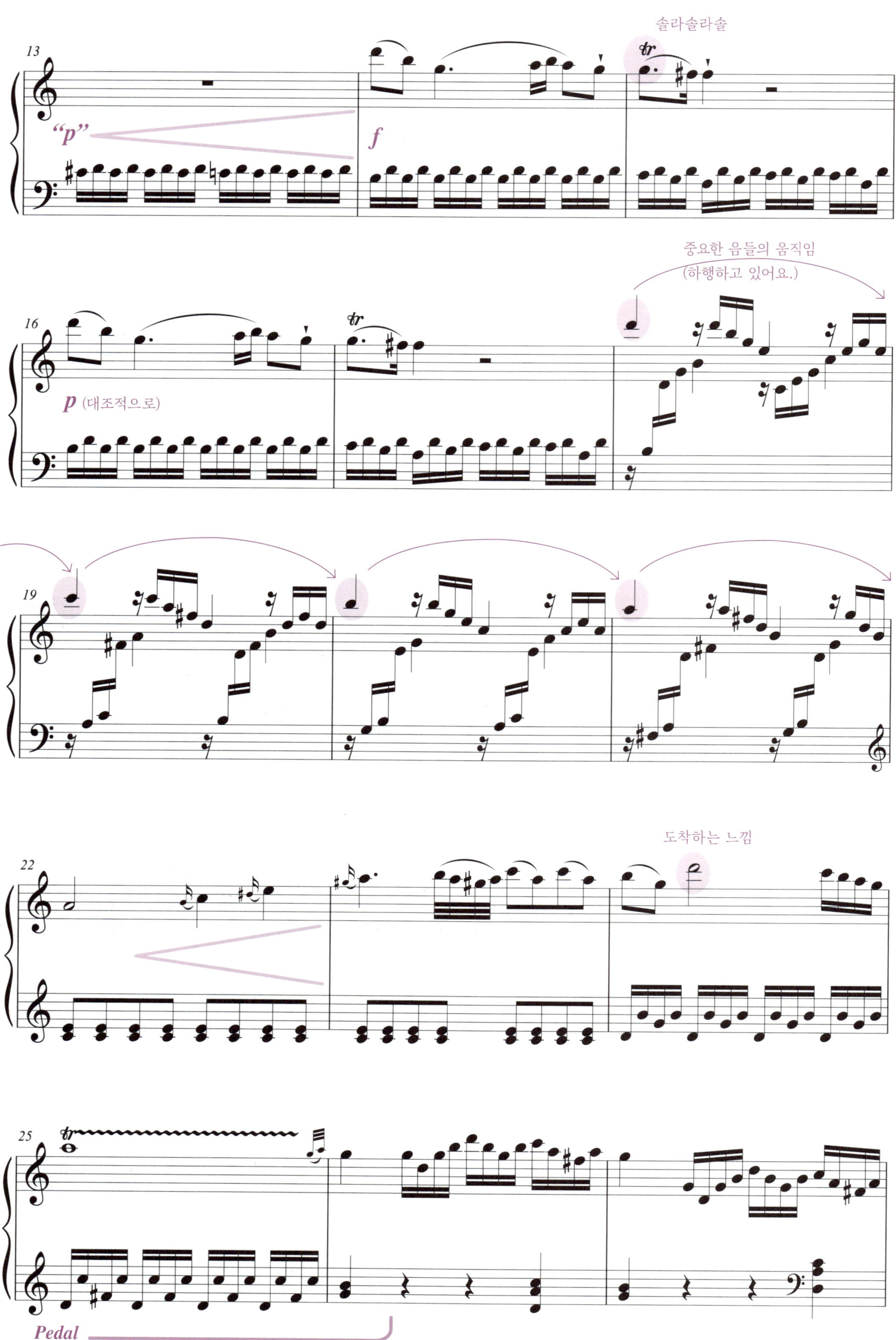

13
"p"
f
솔라솔라솔
tr
16
p (대조적으로)
tr
중요한 음들의 움직임
(하행하고 있어요.)
19
22
도착하는 느낌
25
Pedal

비장한 느낌(화음이 바뀐 것 느끼기)
다른 색깔로
다시 밝게
바장조로 조가 바뀌었어요.
더 밝은 느낌으로!

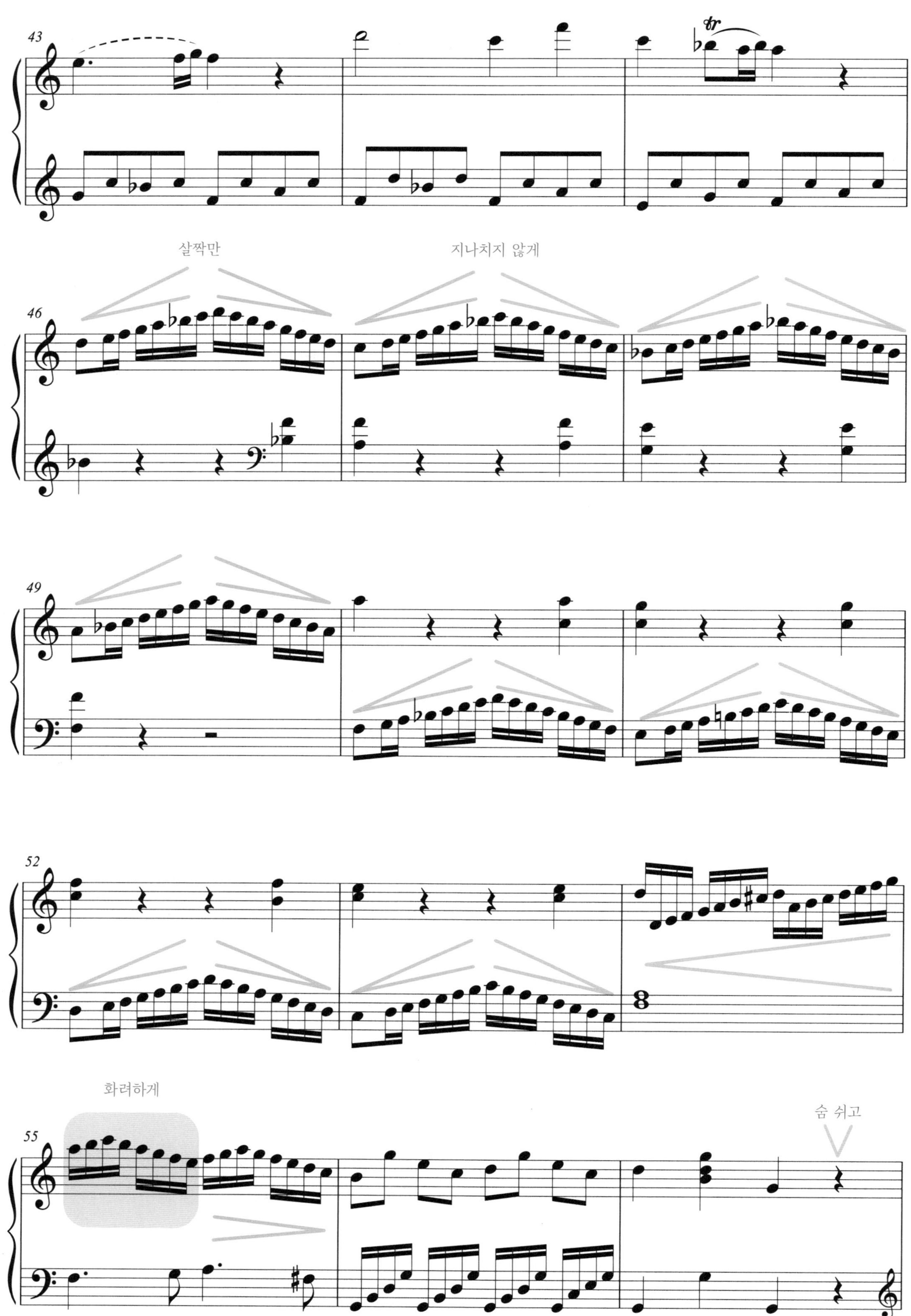
살짝만
지나치지 않게
화려하게
숨 쉬고
tr

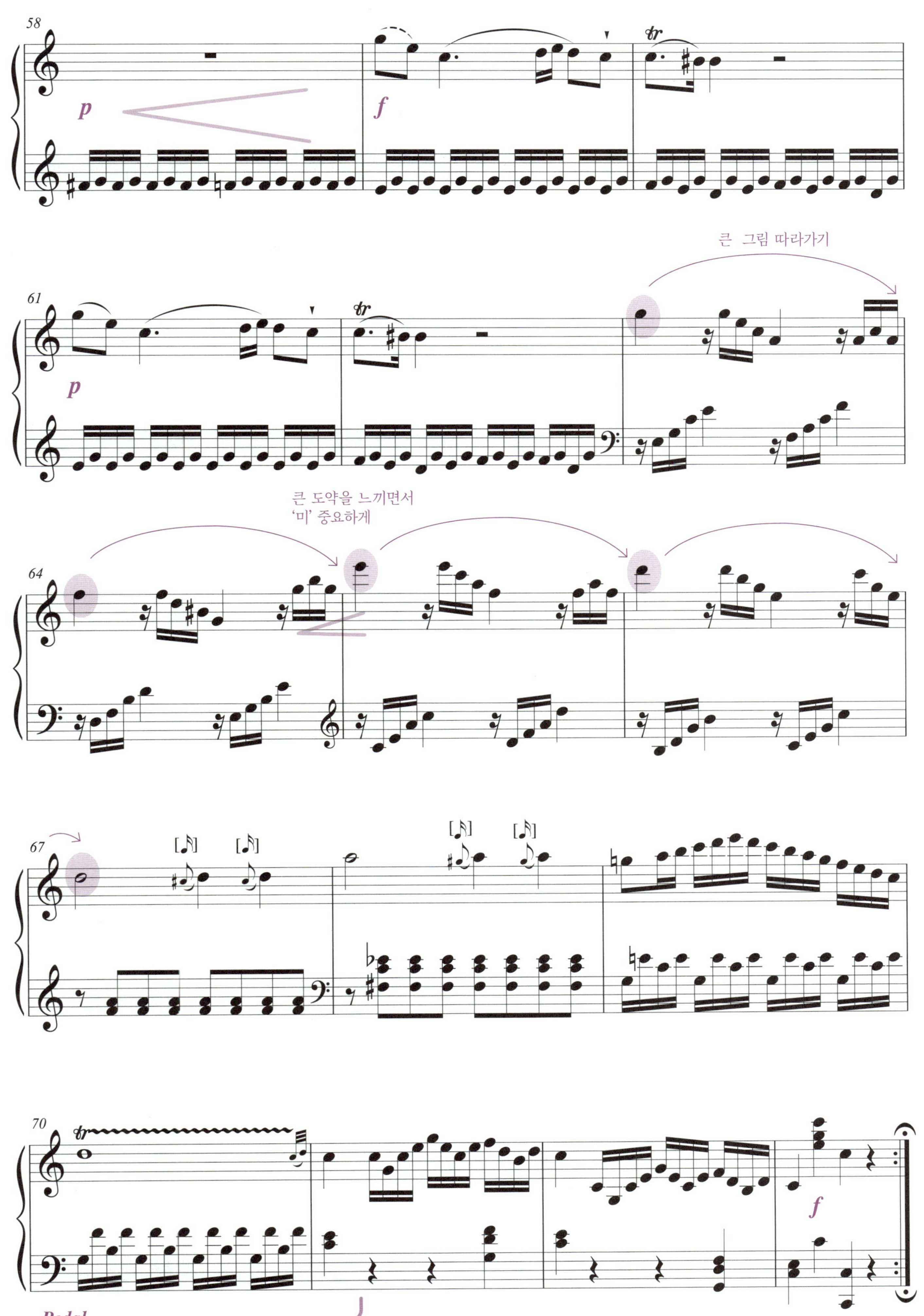
58
p
f
tr
61
p
tr
큰 그림 따라가기
64
큰 도약을 느끼면서
'미' 중요하게
67
70
tr
f
Pedal

루드비히 판 베토벤

(Ludwig van Beethoven, 1770~1827)

베토벤은 '음악의 성인'이라 불릴 정도로 자신에게 주어진 청각 장애라는 엄청난 핸디캡을 딛고 음악 역사상 가장 위대한 작곡가로 자리매김한 유일무이한 음악가입니다.

큰 트럭이 후진할 때도 나오는 멜로디 '엘리제를 위하여'는 그의 사후에 출판된 작품입니다. 과연 '엘리제'가 누구인가에 많은 의문과 설들이 있지만 확인된 바는 아직 없습니다. 이 작품은 초보자들도 도전할 수 있을 정도로 간단하면서도 아름다운 멜로디를 가지고 있고 누구나 한 번쯤 쳐봤을 곡이지만 아름답게 연주하기는 어려운 작품이지요. 제가 적어놓은 코멘트들을 따라서 한번 아름답게 연주해 보세요!

또한 그의 '피아노 소나타 17번, d minor(라단조)'는 그의 비서가 이 작품은 어떻게 연주해야 하는지 질문하자 베토벤이 "셰익스피어의 템페스트를 읽어 봐!"라고 이야기했다는 일화에서 '템페스트'라는 별명을 얻게 되었습니다. 잔잔히 흐르는 물결 같았던 패시지가 폭풍이 몰아치듯 강렬해지고, 이내 잦아드는 모습들이 별명과 잘 어울리는 작품입니다. 악보에 자세히 기재되어 있는 셈여림 기호에 신경 쓰면서 폭풍 전야에서 시작하여 몰아치는 태풍으로 변해가는 멋진 표현을 해 보세요.

Bagatelle No. 25 in a minor

'Für Elise'

L. v. Beethoven

즐거운 느낌. 산책 하듯이
5번(손)보다 다른 음이 중요함
전체가 중요
Ped.
Ped.
Ped.
Ped.

50
55
61
윗소리 또렷하게
소나기를 만난 듯 약간 어두워짐
67
73
tenuto
!! 왼손의 변화 아주
중요하게 표현(조가 바뀜)

① 단계
② 단계
8va
③ 단계
pp
마지막은 아주 작고 담백하게
rit (약간만)

Piano Sonata No. 17 in d minor

Op. 31-2, 3rd mov. 'Tempest'

L. v. Beethoven

가장 중요하게
p cresc.
f   sf
p cresc.
왼손으로 주제 넘어옴
때리지 말고
중요하게 울려주듯이
sf
엄지 중요하게
다시 오른손 멜로디
f
반복되는 패시지를 묶어서 생각하기
(f)
sf
sf
dim.
p
f
앞과 똑같이 생각

묶어서
옥타브 연주 때는 윗소리 중요! 반짝하게
"갑자기" 작게

83
찍어주듯이
sf
sf
89
sf
sf
p
cresc.
부드럽고 방향성이 없는 듯 유연한 소리
95
p
f
갑자기 변화하는 악상기호 표현하기
101
에너지 더 커지듯
p
107
f
왼손으로 주제 넘어옴
Phrase 묶기

113
오른손으로 주제 넘어옴
119
125
왼손으로 주제 넘어옴
Phrase 묶기
131
오른손으로 주제 넘어옴
137

143
계속 확장되는 느낌
f
149
p 완전히 새롭게
이제부터 긴 Phrase
155
cresc.
중요음 움직임을 보세요.
161
아주 강조! 이 곡의 가장 Climax
sf sf sf
166

30

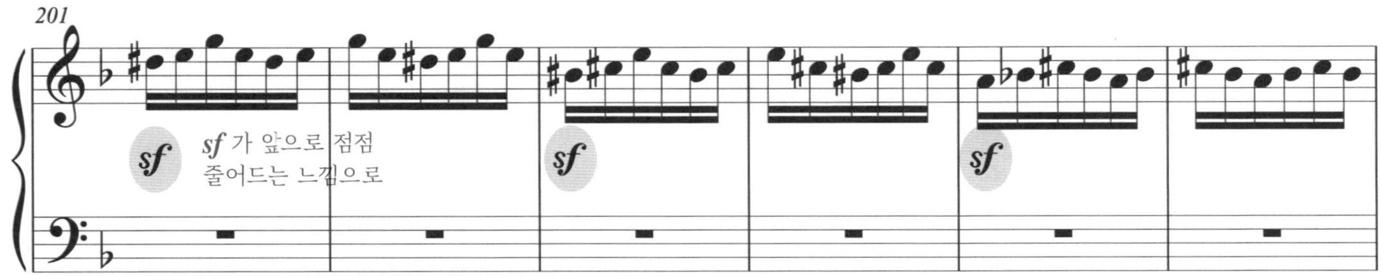
201
sf
sf 가 앞으로 점점
줄어드는 느낌으로
sf
sf

207
sf
p 계속 줄어듦
dimin.

213
회상하듯
pp
p

219
cresc.

225
decresc.
p
cresc.
f

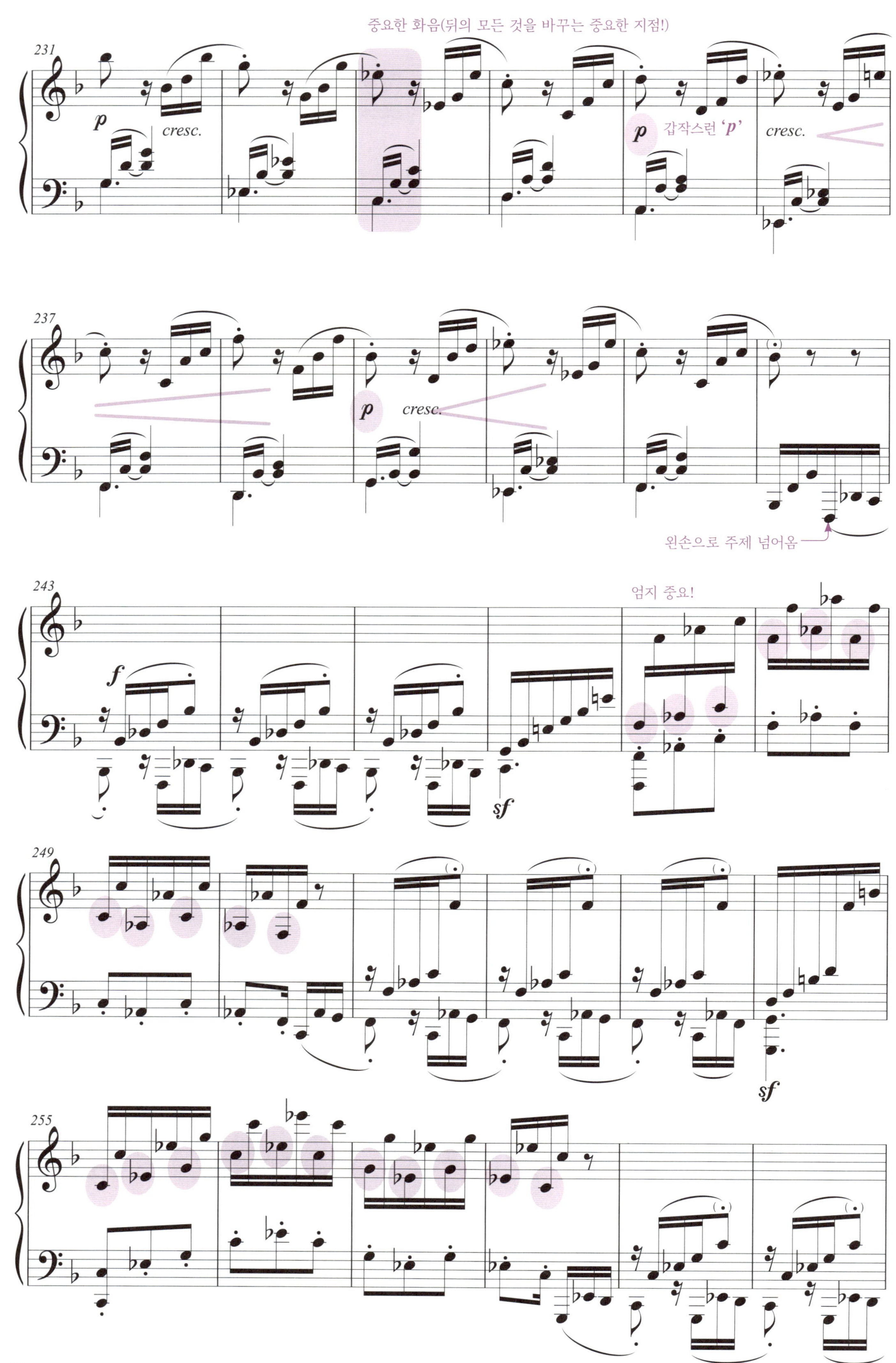
231
중요한 화음(뒤의 모든 것을 바꾸는 중요한 지점!)
p
cresc.
237
p
cresc.
왼손으로 주제 넘어옴
243
엄지 중요!
f
sf
249
sf
255
p
갑작스런 'p'
cresc.

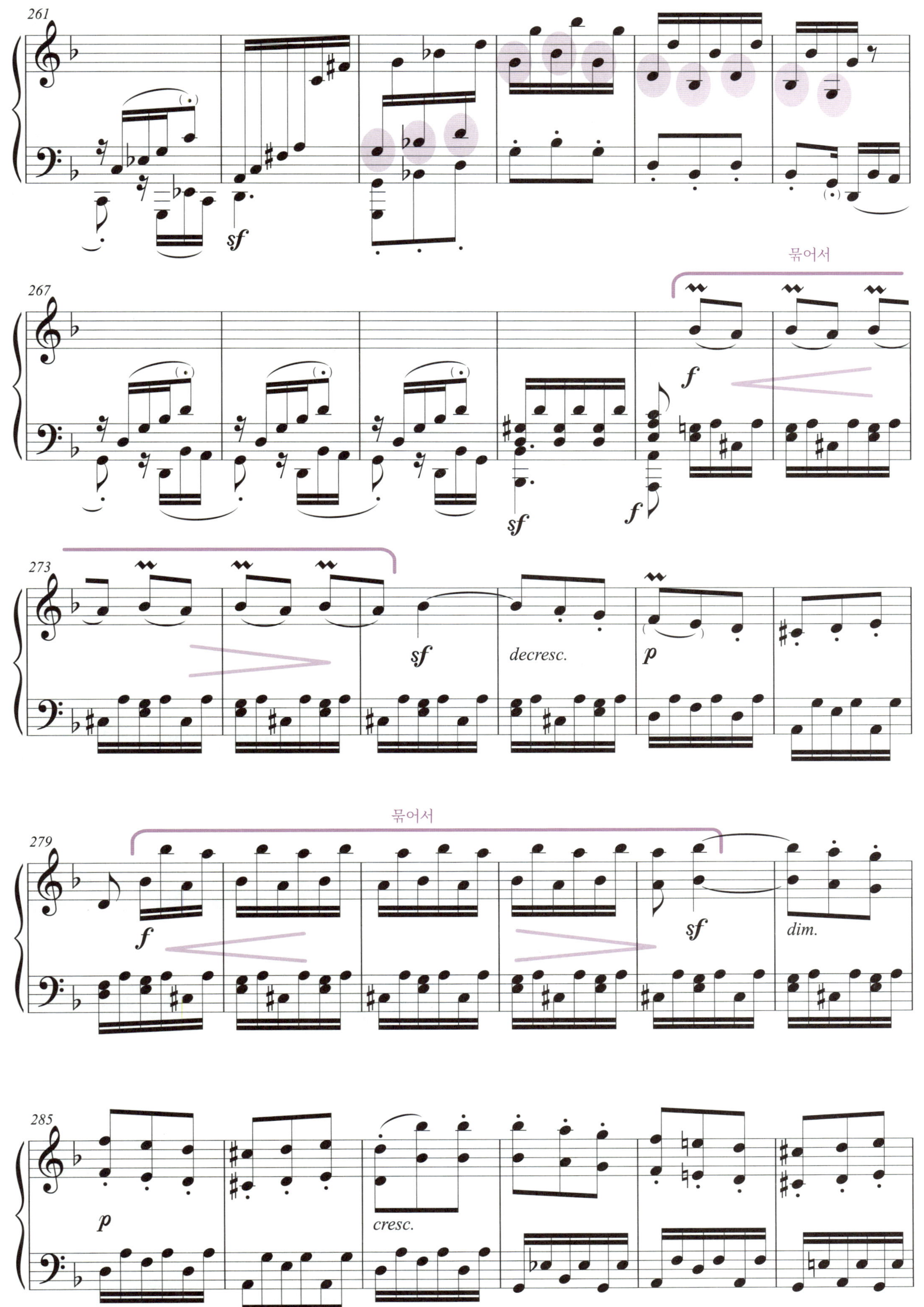
묶어서
묶어서
sf
f
f
sf
decresc.
p
f
sf
dim.
p
cresc.

291
f
p
약간
297
cresc.
p
약간
303
(cresc.)
309
315
콕 찍어 주듯이
sf
sf
sf
sf
(p)

이제 긴 Phrase
cresc.
p
cresc.
dim.
cresc.

여기까지
마지막 폭발
sf
347
dim.
pp
ff 갑작스레
폭발하듯이
352
sf
sf
sf
sf
sf
358
p 갑자기
작게
cresc.
dim.
p cresc.
364
f
p
cresc.
369
dim.
p
cresc.
(f)
sf

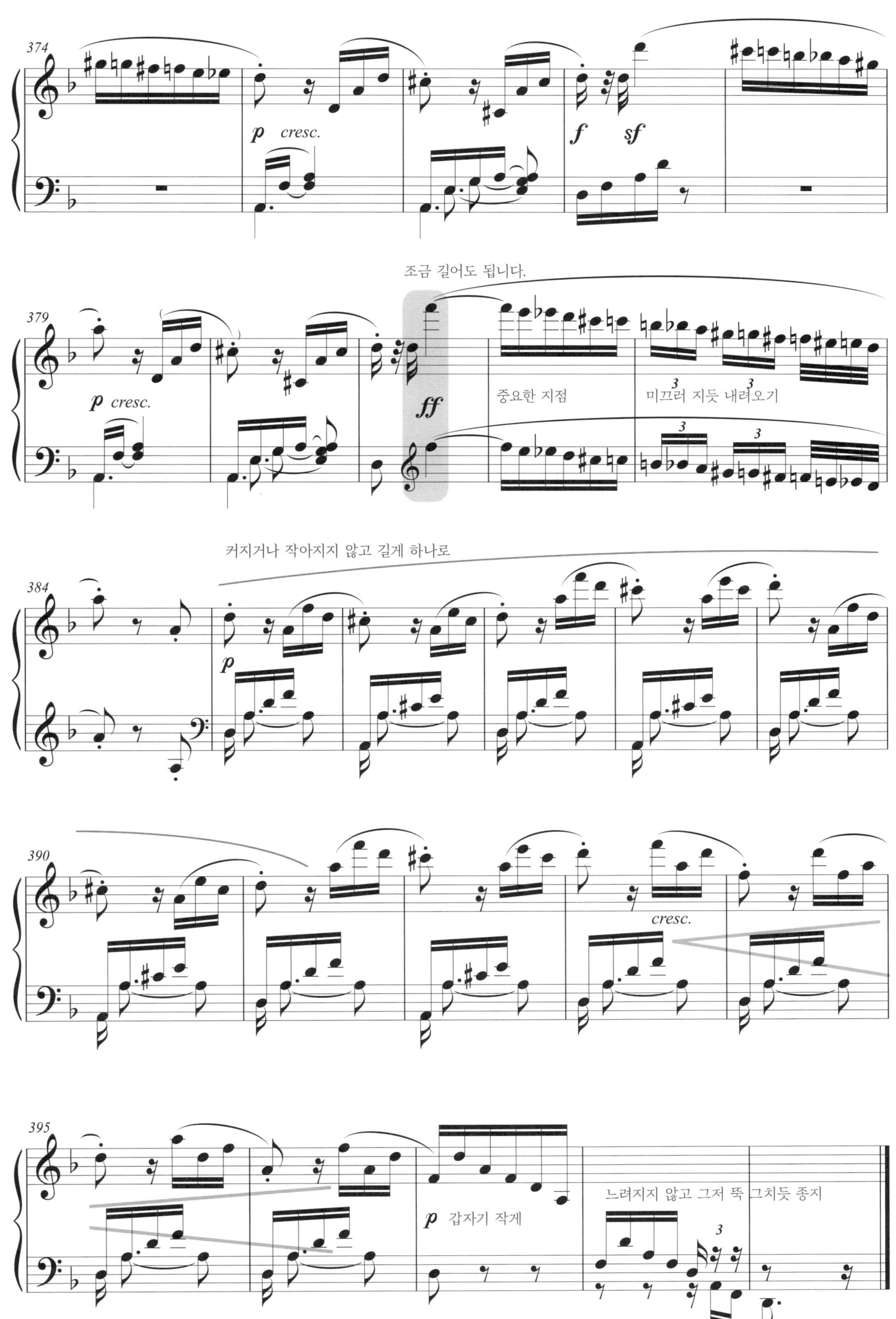
374
379
조금 길어도 됩니다.
p cresc.
ff
중요한 지점
미끄러 지듯 내려오기
384
커지거나 작아지지 않고 길게 하나로
p
390
cresc.
395
p 갑자기 작게
느려지지 않고 그저 뚝 그치듯 종지
p cresc.
f
sf

프레데리크 쇼팽

(Frederic Chopin, 1810~1849)

쇼팽은 '피아노의 시인'이라는 별명을 가지고 있습니다. 그만큼 피아노 작품에 탁월한 재능을 보였던 작곡가입니다. 그 자신이 엄청나게 훌륭한 피아니스트이기도 했고요. 쇼팽의 작품은 음악적인 가치가 전문가들에게 인정받는 높은 수준의 작품이면서 동시에 대중들의 사랑을 독차지하는 예술성과 대중성을 겸비한 작품으로 유명합니다. 그래서인지 클래식 피아노를 사랑하는 사람들은 대부분 쇼팽의 작품을 연주해 보고 싶어 하곤 하지요. 그래서 이 책에서는 초급부터 고급까지 다양한 수준의 연주자들이 공부해 볼 수 있도록 비교적 쉬운 작품부터 어려운 난이도를 지닌 작품까지 다양한 작품을 수록해 보았습니다.

첫 번째로 수록된 '왈츠 a minor(가단조)'는 선율이 비교적 단순하면서 반주 패턴도 반복적인 작품이라 익숙해지기만 한다면 초보자들도 도전해 볼 만한 작품입니다. 이 작품에서는 반복적으로 등장하는 선율을 어떻게 하면 다르게 표현할지 고민해 본다면 더 예술적인 연주를 할 수 있을 거예요.

다음으로 수록된 '녹턴(야상곡) 2번'은 쇼팽 작품 중 가장 유명하다고 해도 과언이 아닐 만큼 많은 분들의 사랑을 받고 있는 작품이지요. 단순해 보여도 왼손의 도약이 꽤 까다로우니 왼손을 따로 연습을 많이 하는 것이 아주 중요합니다. 오른손에서는 길게 이음줄로 표기된 프레이징 표시를 참고하여 긴 호흡으로 연주하도록 노력해 보세요.

다음으로 수록된 몇 개의 에튀드(연습곡)들은, 테크닉적으로 어렵기로 유명한 작품들인데요. 쇼팽의 연습곡들은 기교적인 면뿐 아니라 음악적인 면도 뛰어나기 때문에 전공하는 사람들 사이에서는 필수적으로 익혀야 하는 작품들입니다. 각각의 연습곡들이 별명을 가지고 있기는 하지만 쇼팽이 직접 지은 것은 아니고 후에 출판사들이 더 많이 작품을 팔기 위해 붙인 것이 대부분입니다. '에튀드 작품 10, 1번'은 아르페지오를 위한 연습곡으로 오른손의 손가락과 손목, 아래팔의 협동을 잘 이루어 나가야 팔이 아프지 않게 완주할 수 있습니다. '에튀드 작품 10, 3번'은 '이별 연습곡'이라는 별명이 있는데요. 쓸쓸하고 슬픈 멜로디와 잔잔한 화음들이 아름다운 작품입니다. 오른손 윗소리를 특히 신경 쓰며 연주해 보세요. '에튀드 작품 10, 4번'은 스케일과 아르페지오, 로테이션 등 다양한 테크닉들이 혼재해 있는 작품인데요. 바쁘게 움직이는 16분음표도 중요하지만 그와 상대되는 8분음표의 노래가 작품을 이끌어간다는 사실을 꼭 기억하세요! '에튀드 작품 25, 11번'은 '겨울바람'이라는 별명을 가지고 있는데요. 많은 학생들이 가장 연주해 보고 싶은 곡으로 뽑을 만큼 멋지고 화려한 작품이지요. 전체적으로 로테이션 테크닉을 이용하고 있는 작품으로 손가락뿐 아니라 아래팔의 회전을 잘 이용하여 연주해야 합니다. 몰아치는 겨울바람과 같은 멋진 분위기를 내기 위해서는 왼손의 노래도 아주 중요하답니다.

프레데리크 쇼팽
(Frederi Chopin, 1810~1849)

'즉흥 환상곡'은 많은 매체들의 배경음악으로도 사용될 만큼 아주 유명한 작품이
지요. 겨울바람과 더불어 많은 학생들이 연주해보고 싶은 곡으로 뽑는 곡이기도
하고요. 거의 처음부터 왼손과 오른손이 딱 맞출 수 없는 어려운 리듬이라 초보자
분들에게는 조금 어려울 수도 있을 거예요. 하지만 같은 리듬이 반복되기도 하고
같은 패시지가 여러 번 등장하기 때문에 한번 익숙해지면 또 쭉 칠 수 있기도 하답
니다. 무엇보다 중간에 아름다운 노래 섹션을 멋진 소프라노가 되었다고 생각하고
아름답게 표현해 보세요. 화려한 빠른 부분보다 어쩌면 관객의 마음을 더욱 울릴
수 있답니다.

마지막으로는 '발라드 g minor(사단조)'와 '발라드 f minor(바단조)'를 발췌해서 수
록했습니다. 음악적으로나 테크닉적으로 너무나 어렵고 또 그만큼이나 소중하고
아름다운 작품인데요. 끝까지 연주하면 각각 10여 분과 15분이 넘을 정도로 작품
의 규모도 크기 때문에 피아노를 어느 정도 잘 연주할 수 있는 수준이 있는 분들이
도전해 보시면 좋을 것 같습니다. 짧은 패시지에서도 고려해야 할 점이 아주 많은,
다채롭고 수준 높은 작품이라 큰 공부가 될 것이라고 생각합니다.

Waltz in a minor

B. 150, Op. Posth

F. Chopin

약간 강하게 시작
점차 내려오는 느낌
mf
가장 밝은 소리
8va
3
5
멈춘 느낌
도착
약간 천천히 시작
17
21
25
29
33

37
앞보다 여리게
41
pp 아주 여리게 시작
45
49
mf
53
살짝 rit.
tr

Nocturne

Op. 9, No. 2

F. Chopin

갑자기 커지지 않게!
악센트 하지 마세요! 두 번째 음보다 약간 큰 정도
p 다른 다이내믹 사인
작게 시작해야 cresc. 잘 나타낼 수 있어요. 사납지 않게
왼손과 Pedal을 함께 연습해요.
쉼표 충분히, 약간 rubato
트릴에서 커지지 마세요! 우아하게
p 향해서
한 음도 똑같지 않게!
이 사이에 있는 많은 음 생략!
p
pp 앞과 다르기 때문에 중요해요.
poco rit.
f a tempo
a tempo 5번이 중요하게 들리게
굴곡을 느끼며 가장 높은음을 향해 가듯이!
화음을 들으세요.
poco rallent. 속도 여유
fzp
반음계 변화 듣기
약간 빨리 가듯이(레♭ 향해서)
꾸밈음 첫 음과 왼손 같이!
다른 Phrase 처럼
rubato
cresc.
p 다른 셈여림들 체크하기

여유
약간 빨리
여유
rubato 없이
13
어떻게 왼손과 맞출지 계획하기
모두 다른 색깔의 '미♭'
한 박자 안에 넓어지는 느낌
poco rit.
f
a tempo
poco rallent.
fzp
더 주목! 앞과 다른 표현하기
tr
이번에는 rubato 없이
약간 더 긴느낌
미끄러지듯이
무조건 빨리가 아니라 노래하듯이!
'미♭'과 '솔' 사이를 헤메이듯
p
왼손과 어느 지점을
맞출 것인지
계획하기
Ped.
Ped.

26
간격 느끼며
손끝으로 아주
섬세하게
pp 특별한 Sound!
poco rubato
sempre pp 아주 중요!
간격
물방울 흩뿌리듯
dolciss.
28
세 번째 변주
p
목표로 향해 가듯
30
con forza 힘 있게
stretto 약간 빨리 가듯이
tr
간격
풀어주고
여유
약간 당기고
더 많이 당기고
32
rotation 테크닉 이용하기(작게)
ff senza - - - - tempo
cresc.
템포가 없는 것처럼 자유롭게
노래하듯, Cello 같이
33
dim.
rall.
smorz.
사라지듯이
pp 잔잔한 소리
ppp
a tempo
한 Pedal로! Pedal 바꾸지 않기

Étude

Op. 10, No. 1

F. Chopin

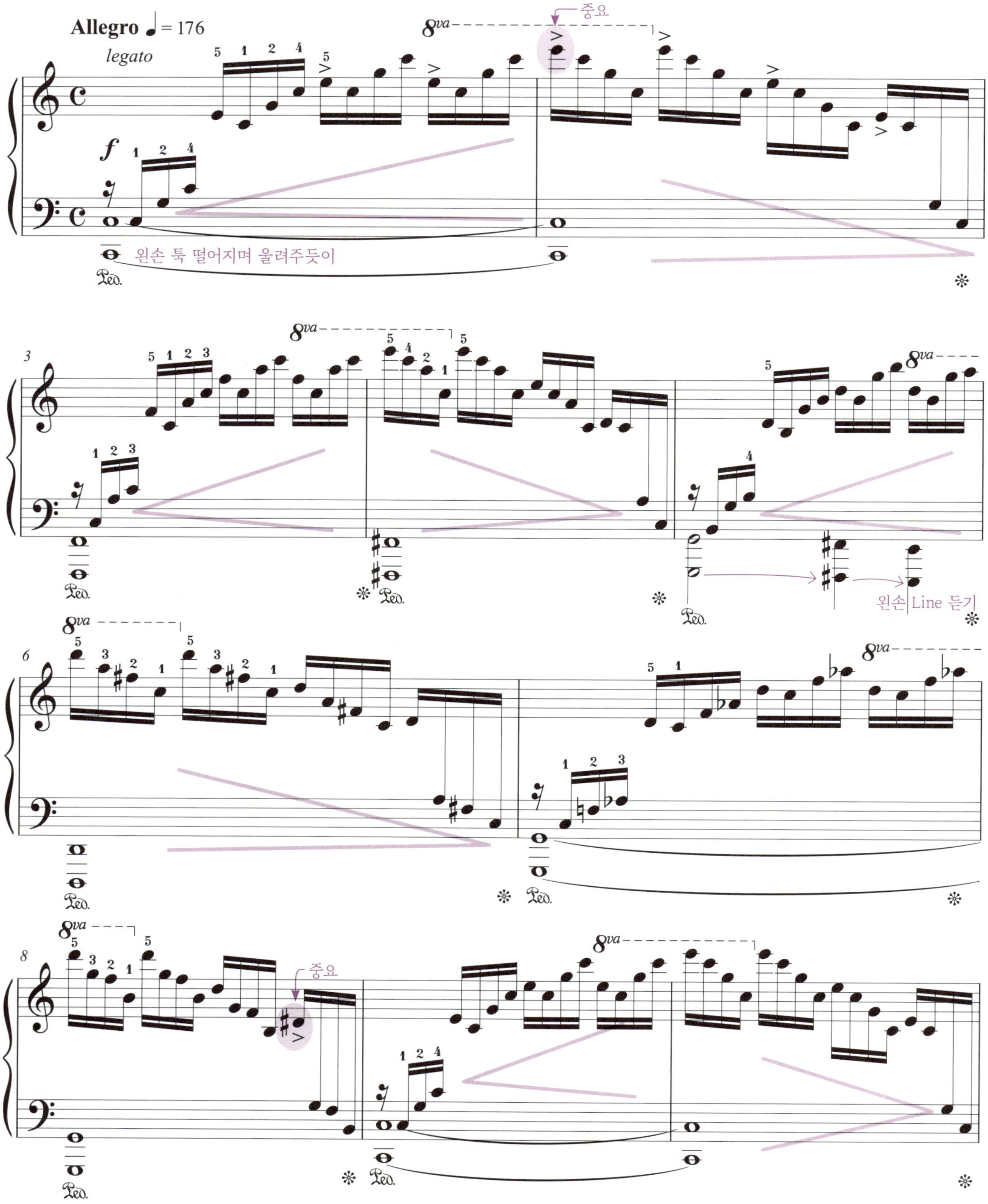

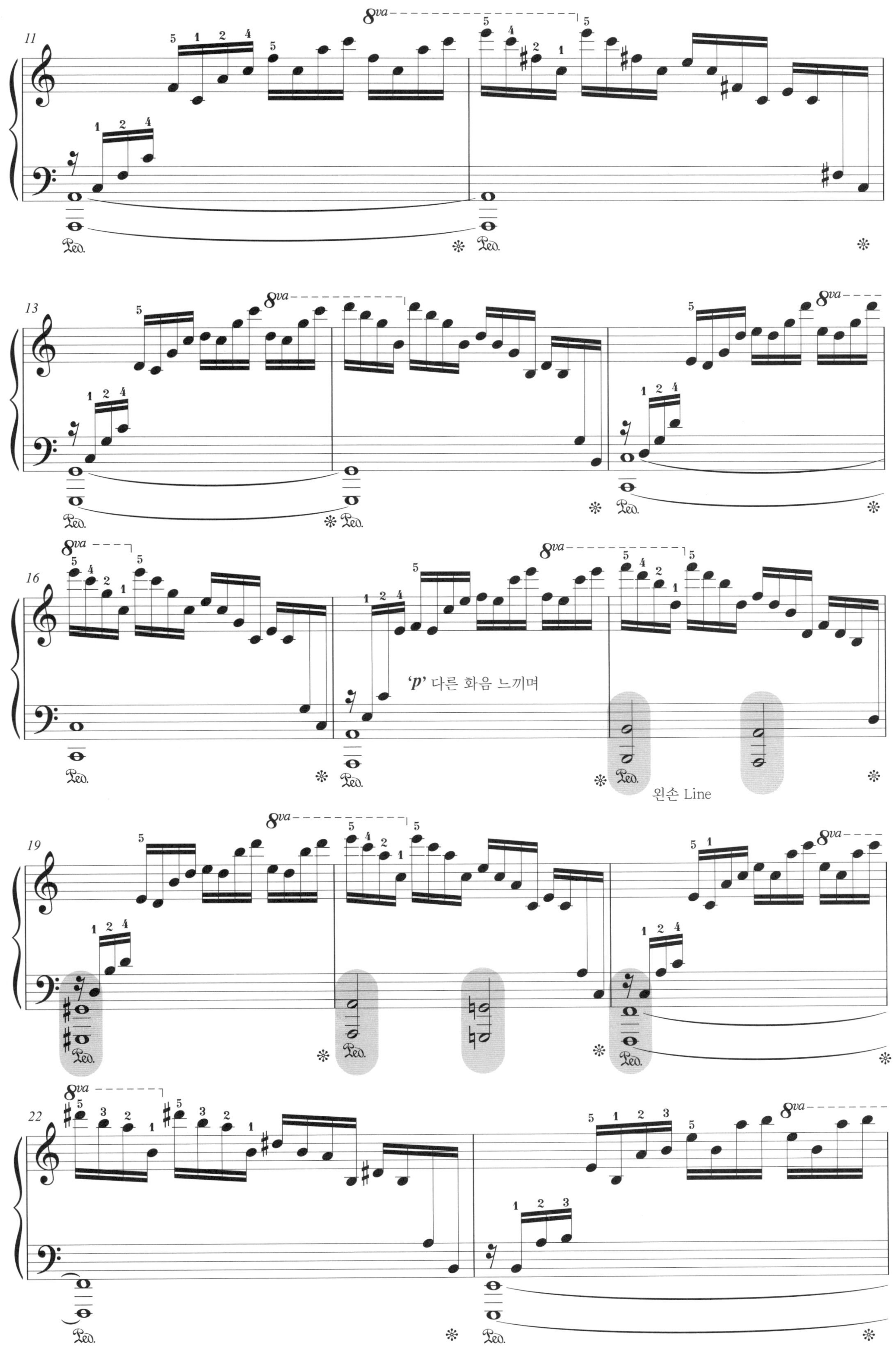
'p' 다른 화음 느끼며
왼손 Line
Étude Op. 10, No. 1   49

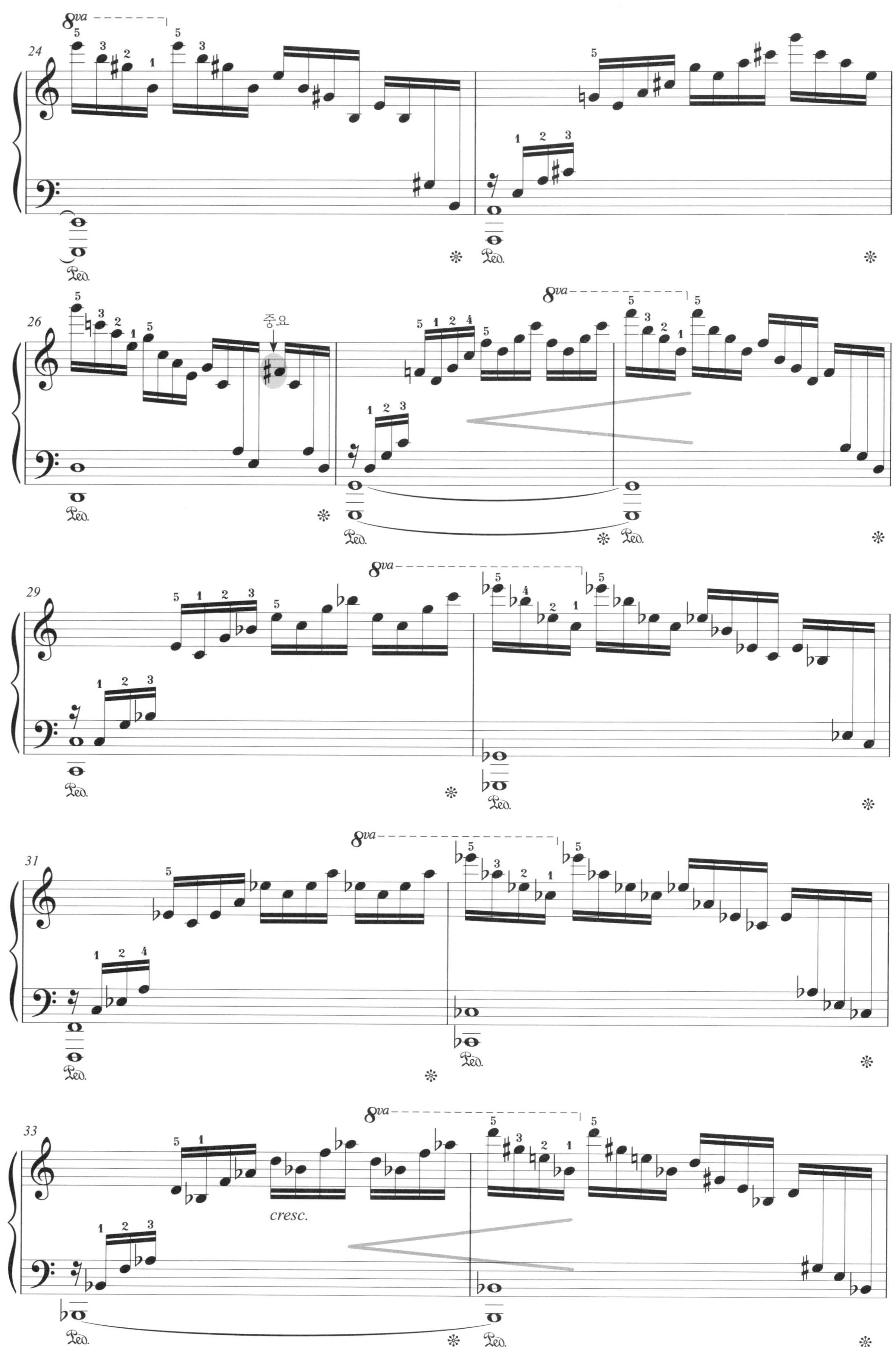

8va
24
5
3 2
1
5
3
5
1 2 3
Ped.
Ped.
26
5
3 2
1
5
중요
5 1 2 4
5
8va
5
5
3 2
1
1 2 3
Ped.
Ped.
Ped.
29
5 1 2 3
5
8va
5
4
5
1
2
1 2 3
Ped.
Ped.
Ped.
31
5
8va
5
5
3
2
1
1 2 4
Ped.
Ped.
Ped.
33
5 1
8va
5
5
3
2
1
5
1 2 3
cresc.
Ped.
Ped.

8va
dimin.
f
'p'
작게, 화음 달라진 것 느끼기
동그라미 표시해 둔 음을 의지하듯이
8va
cresc.
Line 느끼기
f

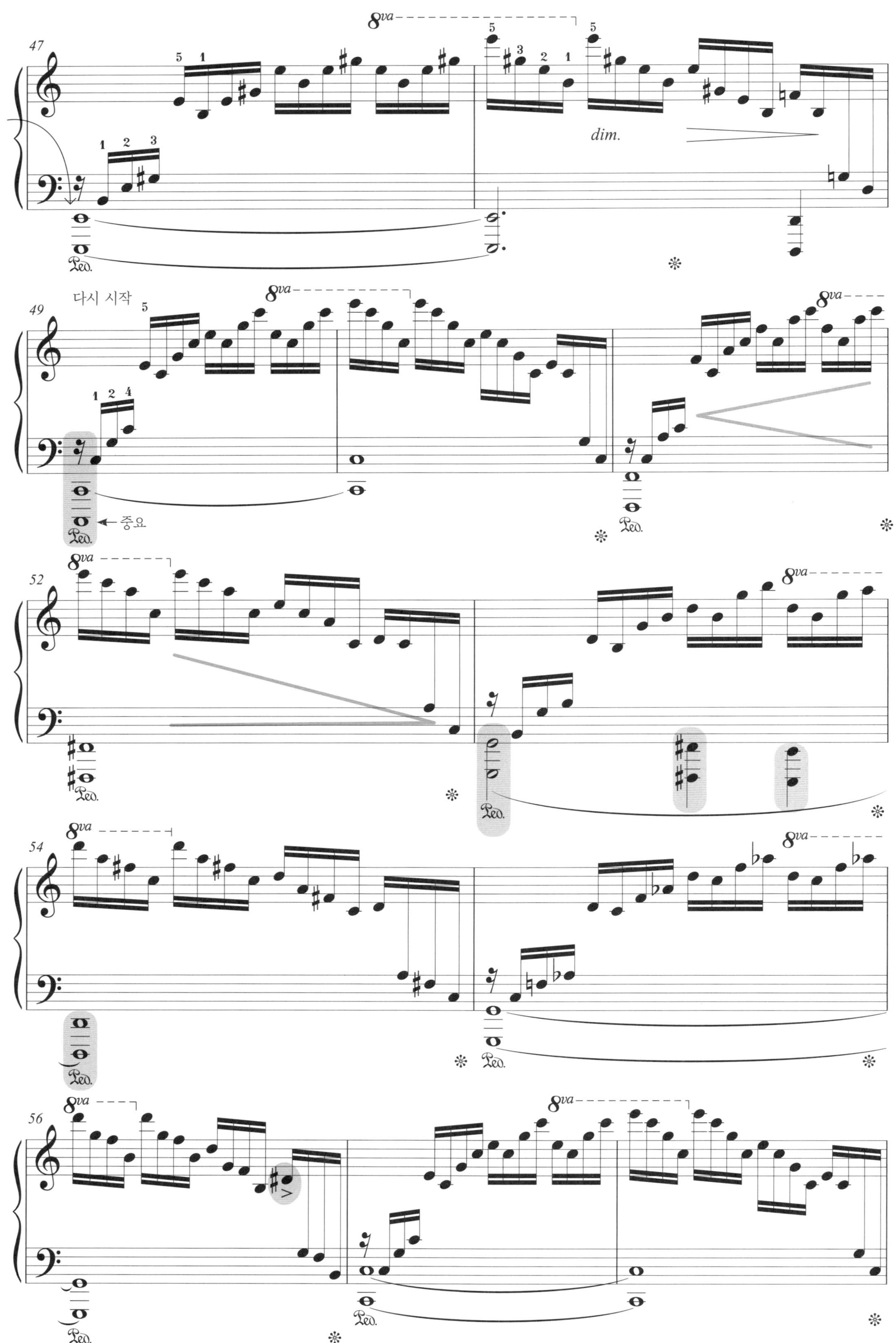
47
8va
5 1
5
3 2 1
dim.
1 2 3
Ped.
다시 시작
8va
5
8va
1 2 4
← 중요
Ped.
Ped.
8va
52
8va
Ped.
Ped.
8va
54
8va
Ped.
Ped.
8va
56
8va
Ped.
Ped.

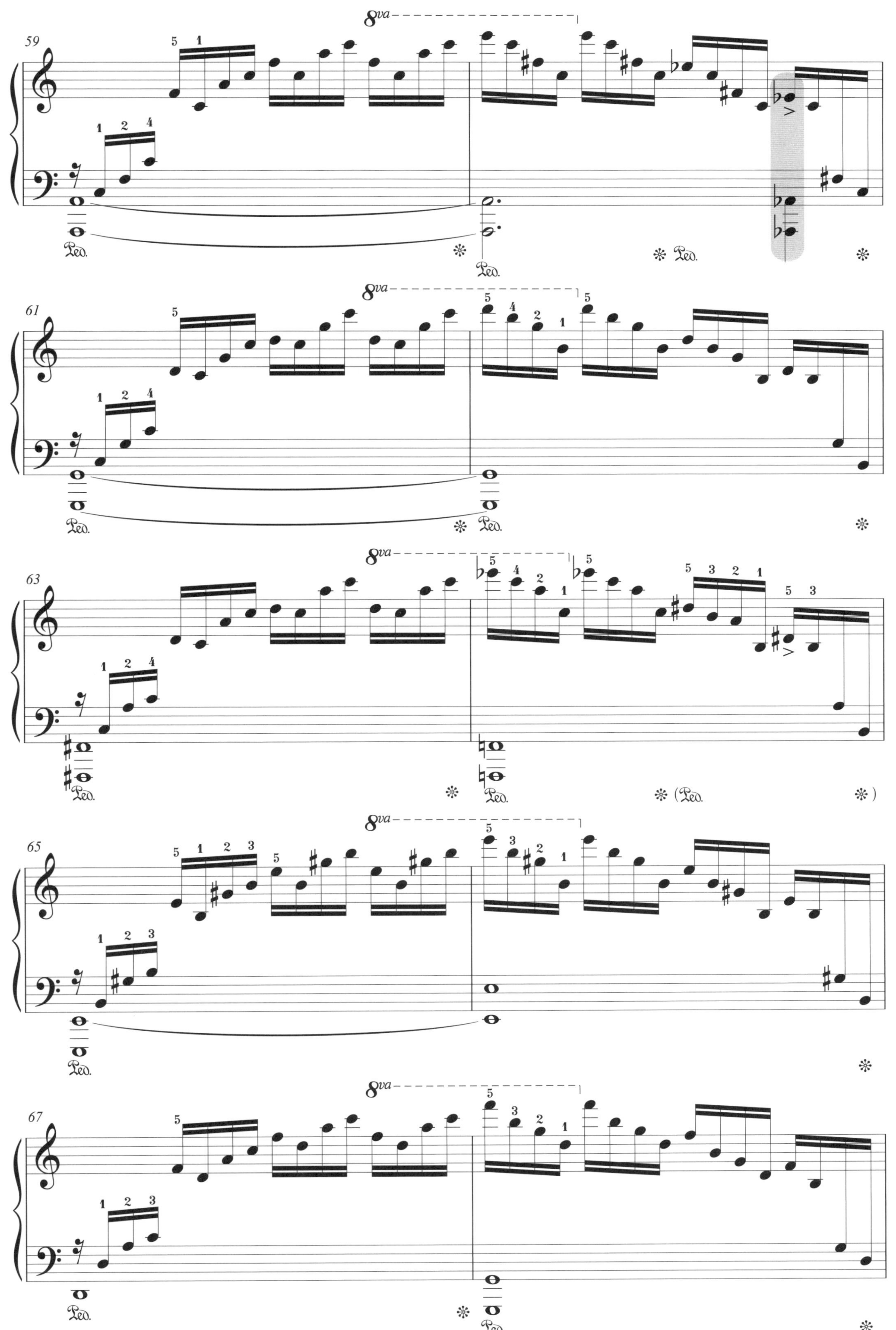
Étude Op. 10, No. 1 53

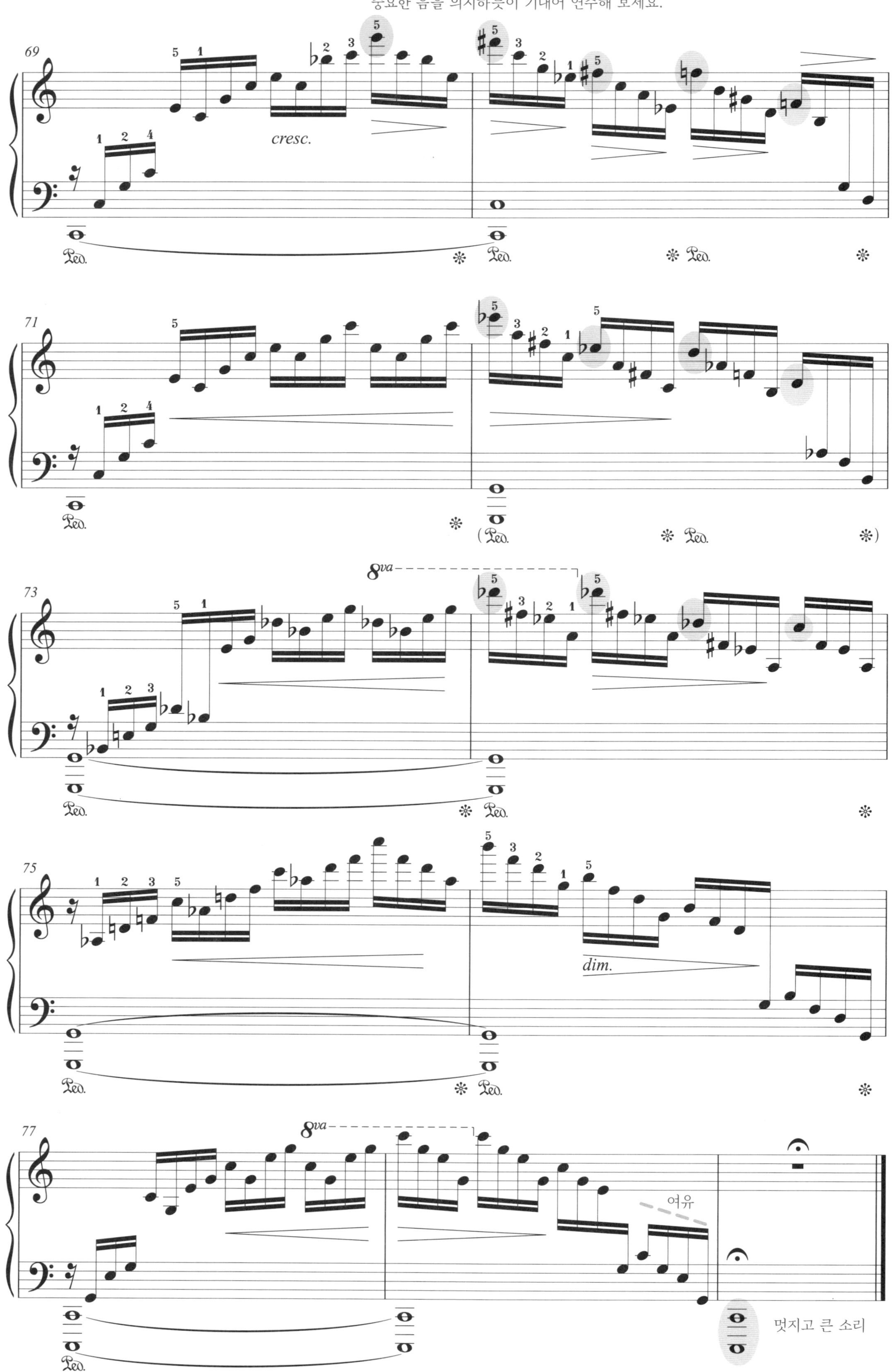
중요한 음을 의지하듯이 기대어 연주해 보세요.
cresc.
dim.
여유
멋지고 큰 소리
54

Étude

Op. 10, No. 3

F. Chopin

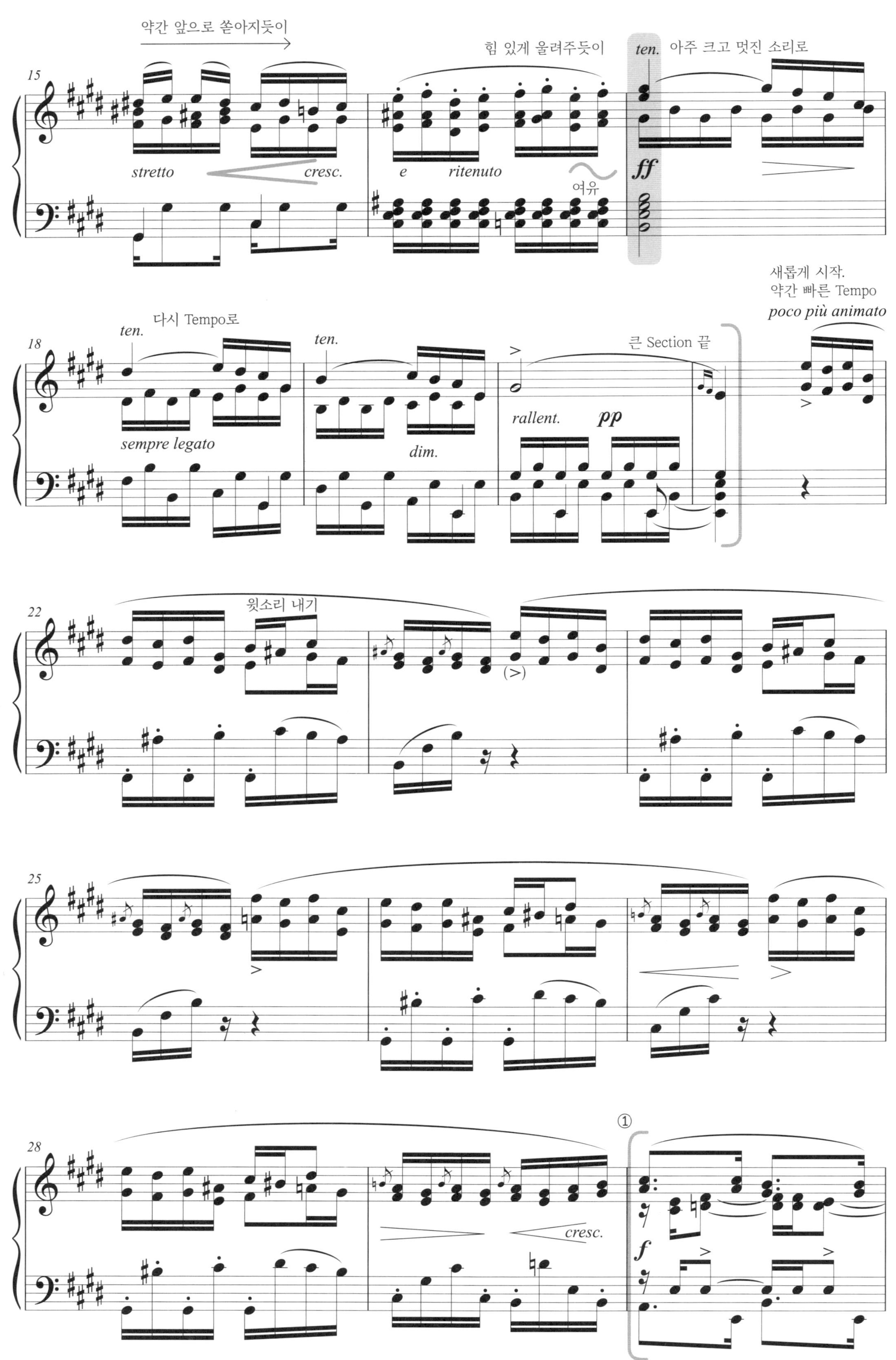
약간 앞으로 쏟아지듯이
힘 있게 울려주듯이
ten. 아주 크고 멋진 소리로
15
stretto
cresc.
e ritenuto
여유
ff
새롭게 시작.
약간 빠른 Tempo
poco più animato
18
ten. 다시 Tempo로
ten.
큰 Section 끝
sempre legato
dim.
rallent.
pp
22
윗소리 내기
(>)
25
28
cresc.
f

대조적으로
점점 Level up
rubato 약간 하면서 시작.
이후 몰아치듯이
크고 힘있는 소리로
몰아치듯이
con forza
cresc.

가장 화려하게, 윗소리 선명히
f con bravura
여기까지 한 숨으로
다시 원래 Tempo로 가라앉아서
legatissimo
ritenuto e cresc.
f
p
sempre p
dim.
smorzando poco rall.
3
3
3
3

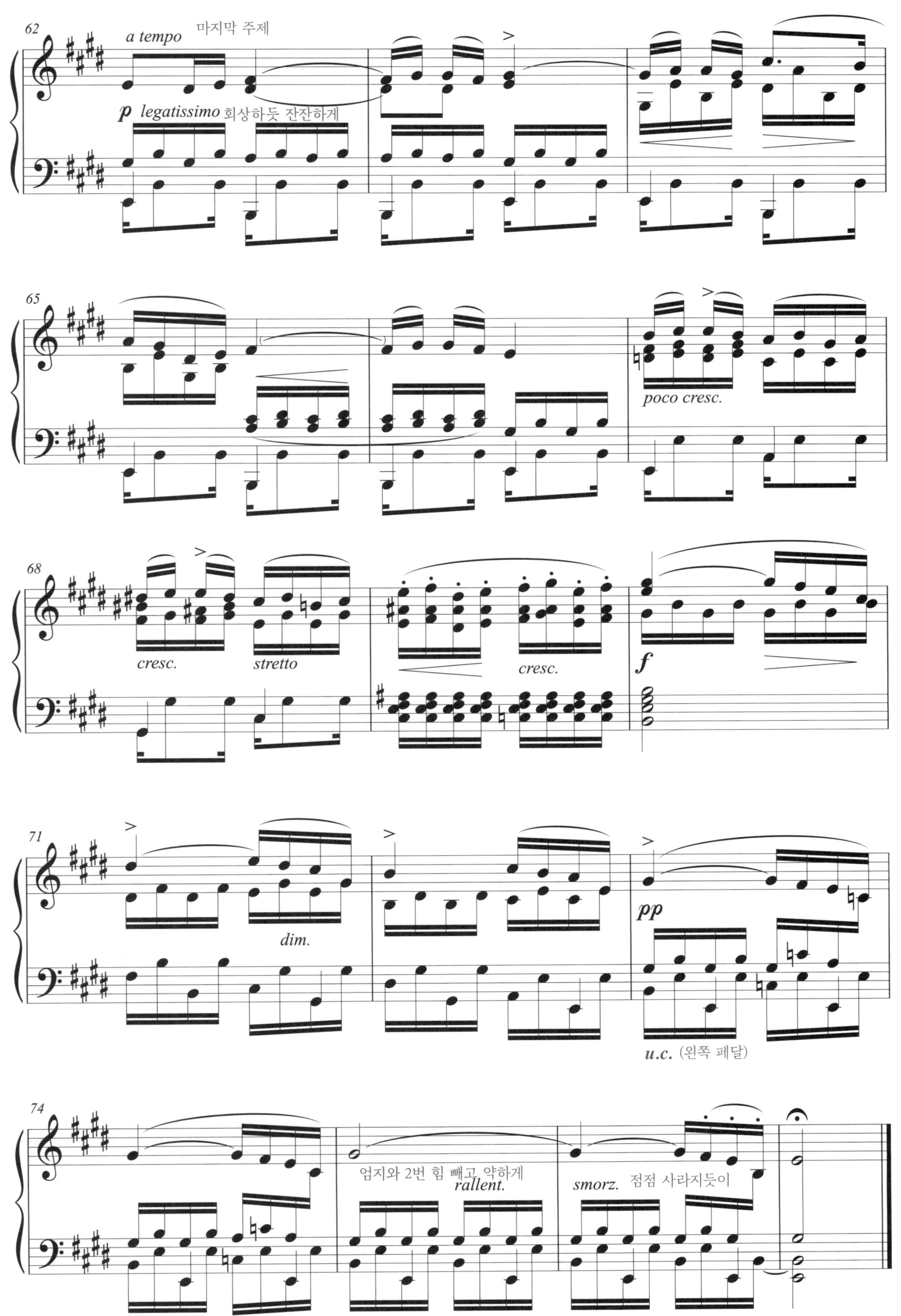
62
a tempo 마지막 주제
p legatissimo 회상하듯 잔잔하게
65
poco cresc.
68
cresc. stretto cresc. f
71
dim. pp
u.c. (왼쪽 페달)
74
엄지와 2번 힘 빼고 약하게
rallent. smorz. 점점 사라지듯이

Étude

Op. 10, No. 4

F. Chopin

중요하게

fz
fz
왼손이 치면 쉬워요(엄지)
fz
f
cre - - scen - - - do
여기까지 왼손 엄지로

'>'있는 음을 약간 던지듯이 이동하기
새끼손가락에 기대듯이
쾅! 울려 주고
오른손 윗소리!
cresc.
fz
fp
양손 엄지 중요!
f

① 단계
② 단계
③ 단계 점차 볼륨 Up!
한 음만 왼손으로
오른손 엄지로

49
cresc.
fz
51
53
f
55
f
57

59
61
ff
63
65
cresc.
작게 시작
67
낼 수 있는 한 가장 크게
길게 커지기
ff

con più fuoco possibile
이하 동일
어렵다면 이 음들을 왼손이 치면 편해요.
Étude Op. 10, No. 4

Étude

Op. 25, No. 11

F. Chopin

여기서부터 오른손 서서히 힘 빼기
dim.
marcato
숨 쉬고
8va
f
왼손 엄지 소리가 뚜렷하게
오른손 힘 빼고
dim.

70

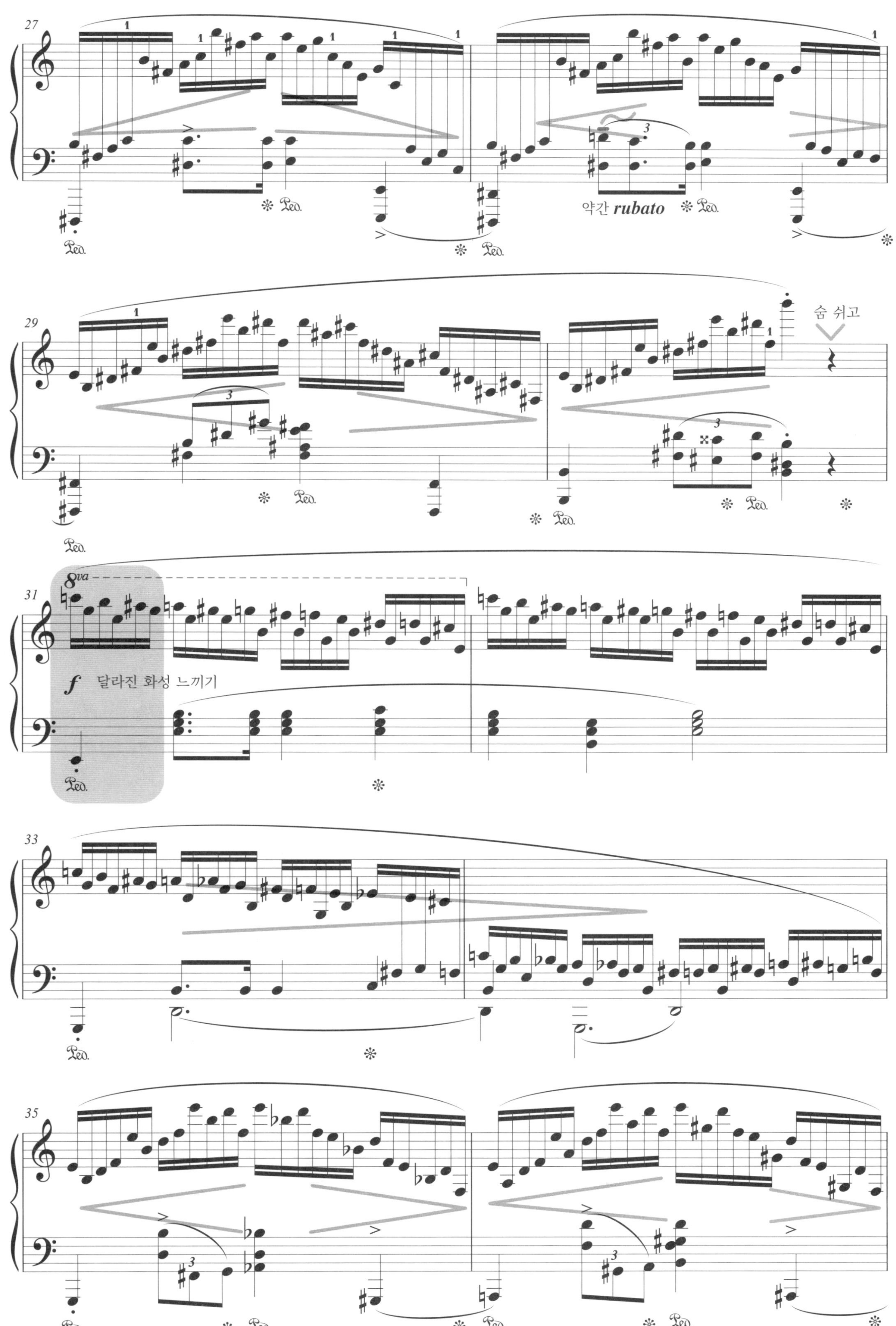
약간 rubato
숨 쉬고
8va
f 달라진 화성 느끼기
Ped.

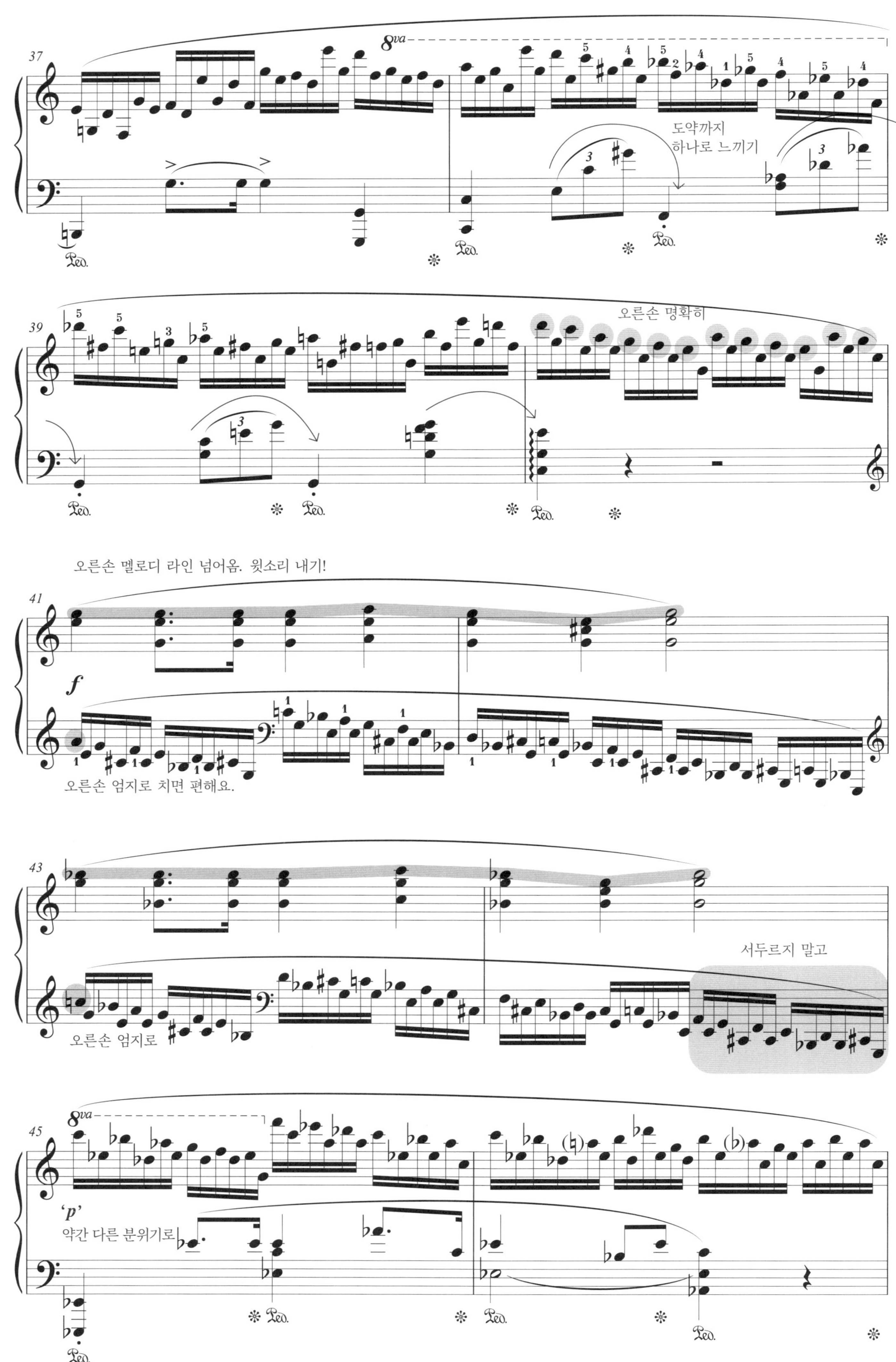

37
8va
5 4 5 4 1 5 4 5 4
도약까지
하나로 느끼기
3
Ped.
Ped.
Ped.

39
5 5 3 5
오른손 명확히
3
Ped.
Ped.
Ped.

오른손 멜로디 라인 넘어옴. 윗소리 내기!
41
f
1 1 1
1 1 1
오른손 엄지로 치면 편해요.

43
서두르지 말고
오른손 엄지로

45
8va
(♮) (♭)
'p'
약간 다른 분위기로
Ped.
Ped.
Ped.
Ped.

47
'mp'
Ped. Ped. Ped. Ped.
49
f
왼손 한 음 한 음 강조해서
marcato
Ped. Ped.
51
8va
Ped. Ped.
53
단번에 굴리기
Ped. Ped. Ped. Ped. Ped. Ped. Ped.
55
f
Ped. Ped.

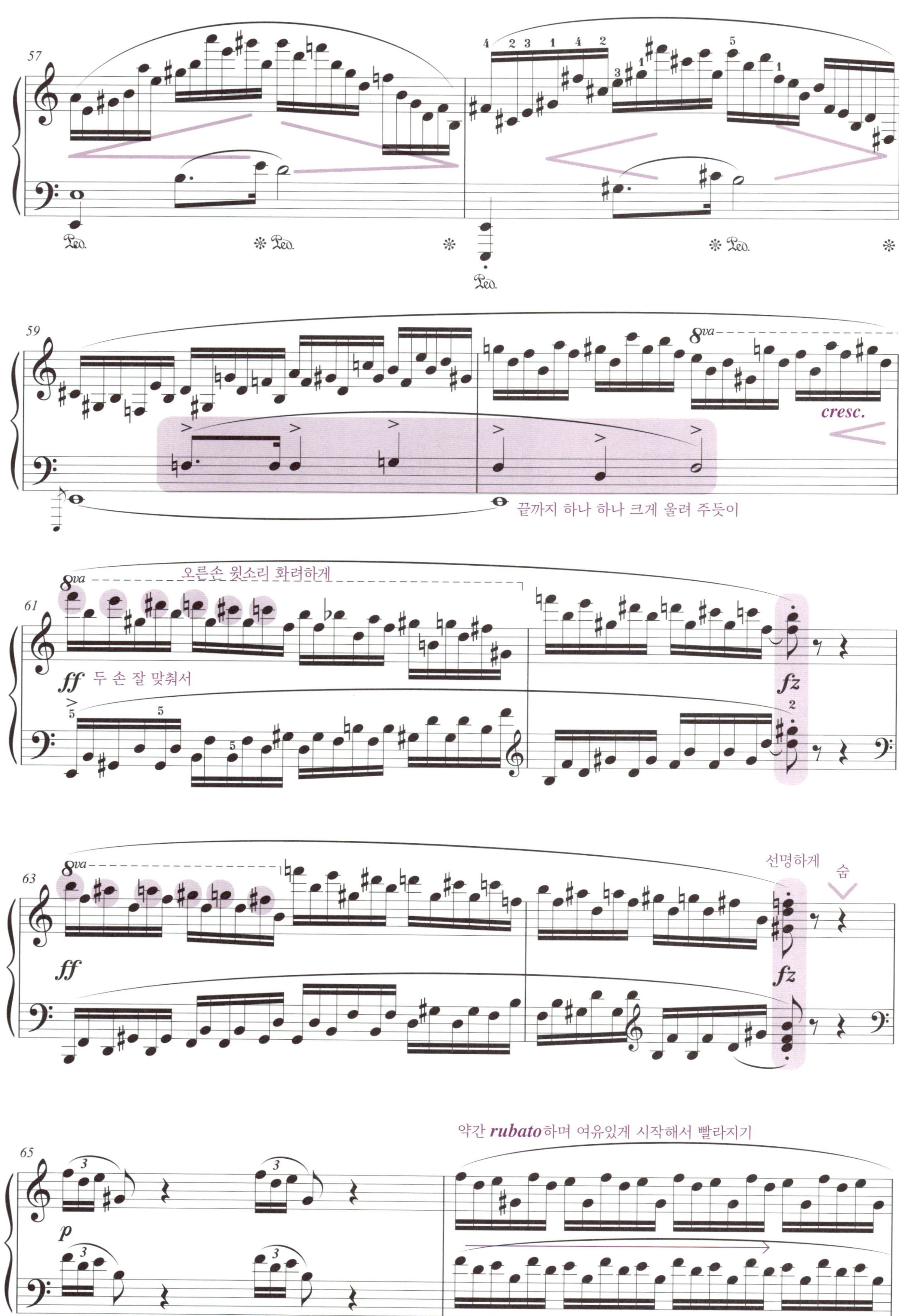

끝까지 하나 하나 크게 울려 주듯이
오른손 윗소리 화려하게
두 손 잘 맞춰서
선명하게
숨
약간 rubato하며 여유있게 시작해서 빨라지기
cresc.

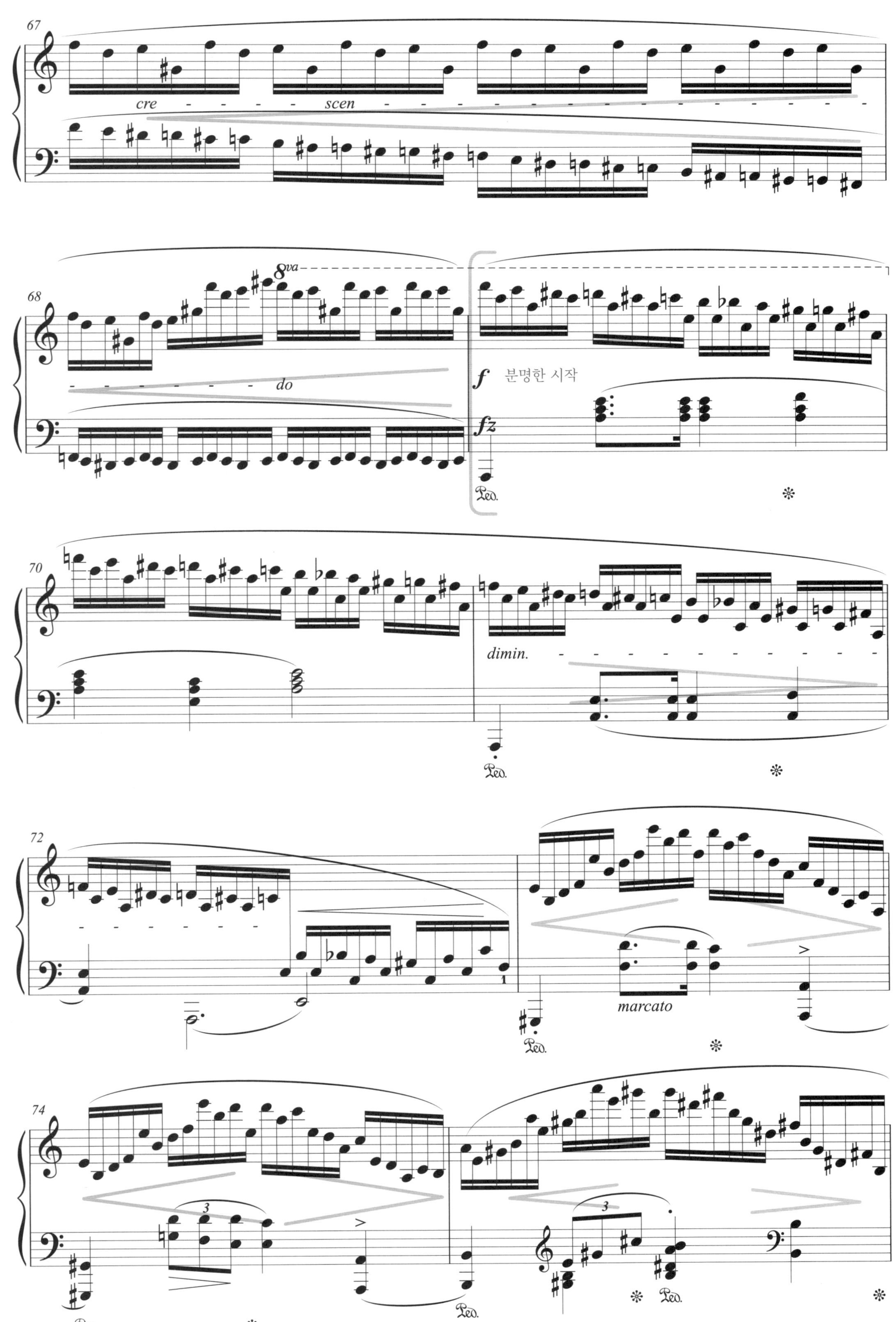
67
cre - - - - scen - - - - - - - - - - - - - -
68
8va
do
f 분명한 시작
fz
Ped.
70
dimin. - - - - - - - -
Ped.
72
marcato
1
Ped.
Ped.
74
3
3
Ped.
Ped.
Ped.

76

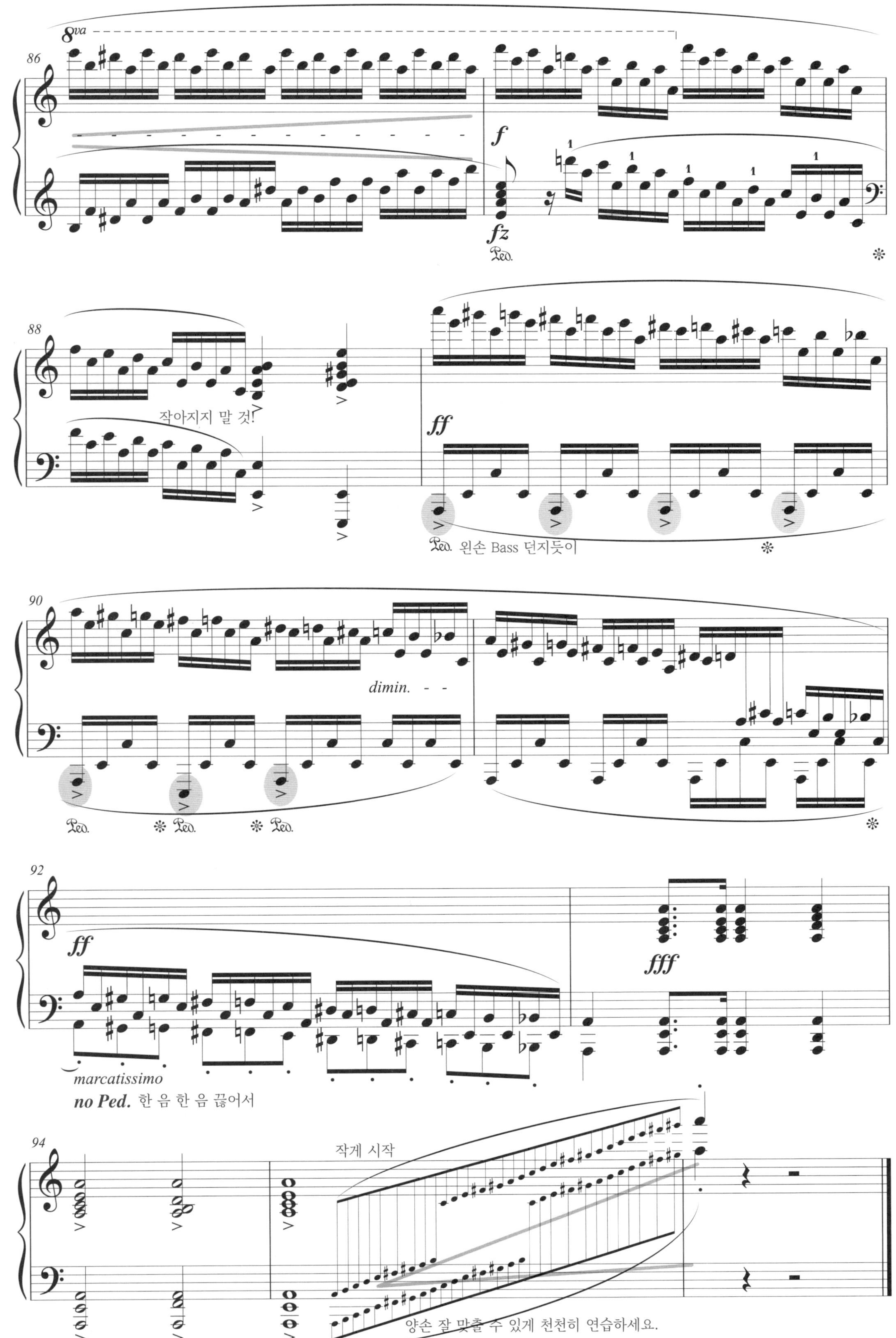

8va
86
f
fz
Ped.
1
88
작아지지 말 것!
ff
Ped. 왼손 Bass 던지듯이
90
dimin.
Ped.
Ped.
Ped.
92
ff
fff
marcatissimo
no Ped. 한 음 한 음 끊어서
94
작게 시작
양손 잘 맞출 수 있게 천천히 연습하세요.

Fantaisie-Impromptu

Op. 66

F. Chopin

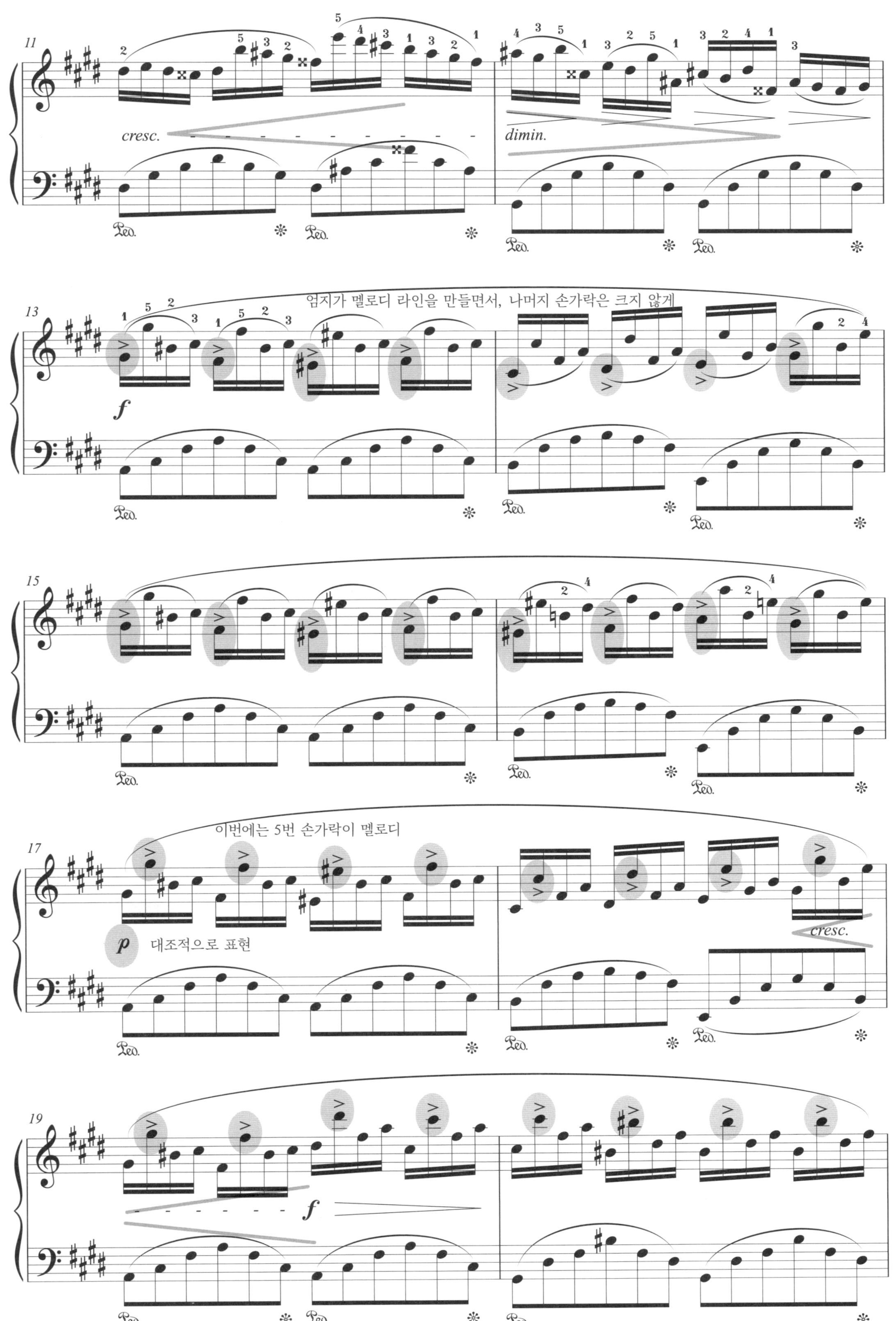

엄지가 멜로디 라인을 만들면서, 나머지 손가락은 크지 않게
cresc.
dimin.
f
이번에는 5번 손가락이 멜로디
p
대조적으로 표현
cresc.
f

pp 음색이 변하게
riten.
a tempo
8va
cresc.
Ped.

중요
sempre cresc.
중요
f
에너지 줄어들지 않고 쭉 ⟶
8va
ff
왼손이 주축이 되어 4마디를 한숨에
riten.
Largo
여유있게 전환
peasante
C

42
Moderato cantabile
소프라노 가수가 노래하듯 오른손 연주하기
두 번째 'p'
부드러운 목소리로
sotto voce
45
48
riten.
왼손 여유있게
51
a tempo
pp 더 작게 시작
54

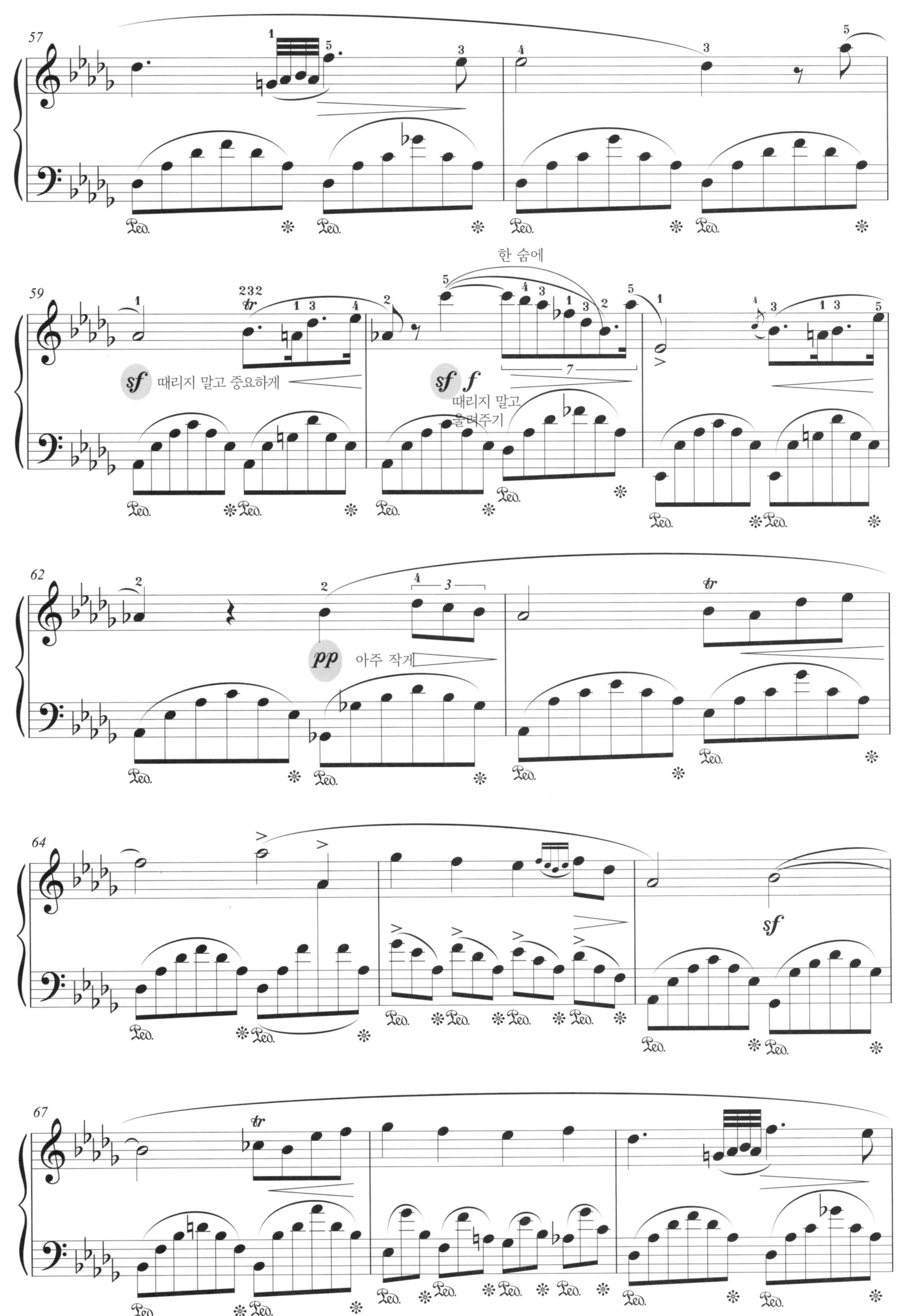
한 숨에
sf 때리지 말고 중요하게
sff 때리지 말고 울려주기
pp 아주 작게
tr
sf

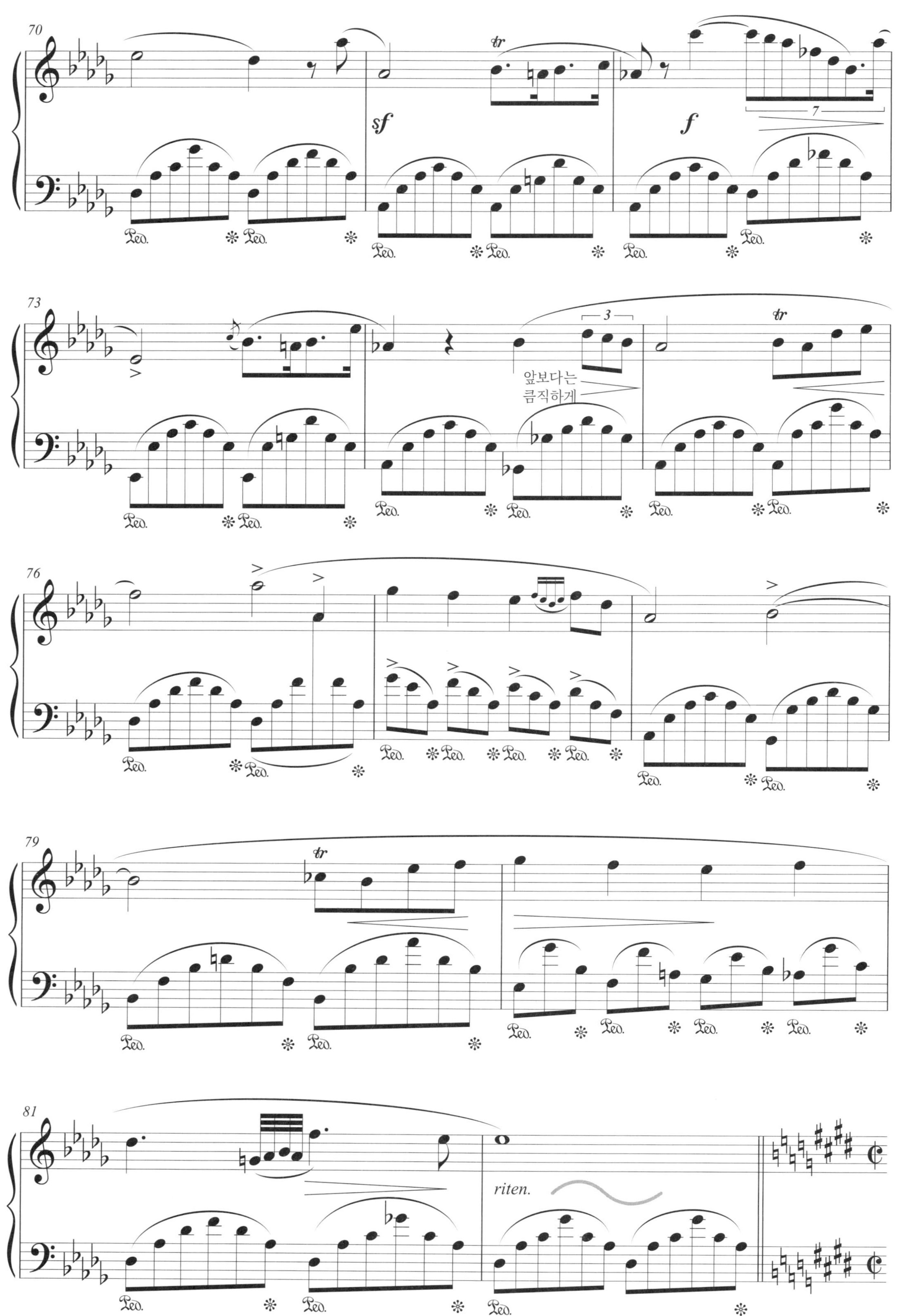

70
sf
tr
f
7
Ped. Ped. Ped. Ped. Ped. Ped.
73
앞보다는
큼직하게
3
tr
Ped. Ped. Ped. Ped. Ped.
76
tr
Ped. Ped. Ped. Ped. Ped. Ped. Ped. Ped.
79
tr
Ped. Ped. Ped. Ped. Ped. Ped. Ped.
81
riten.
Ped. Ped. Ped.

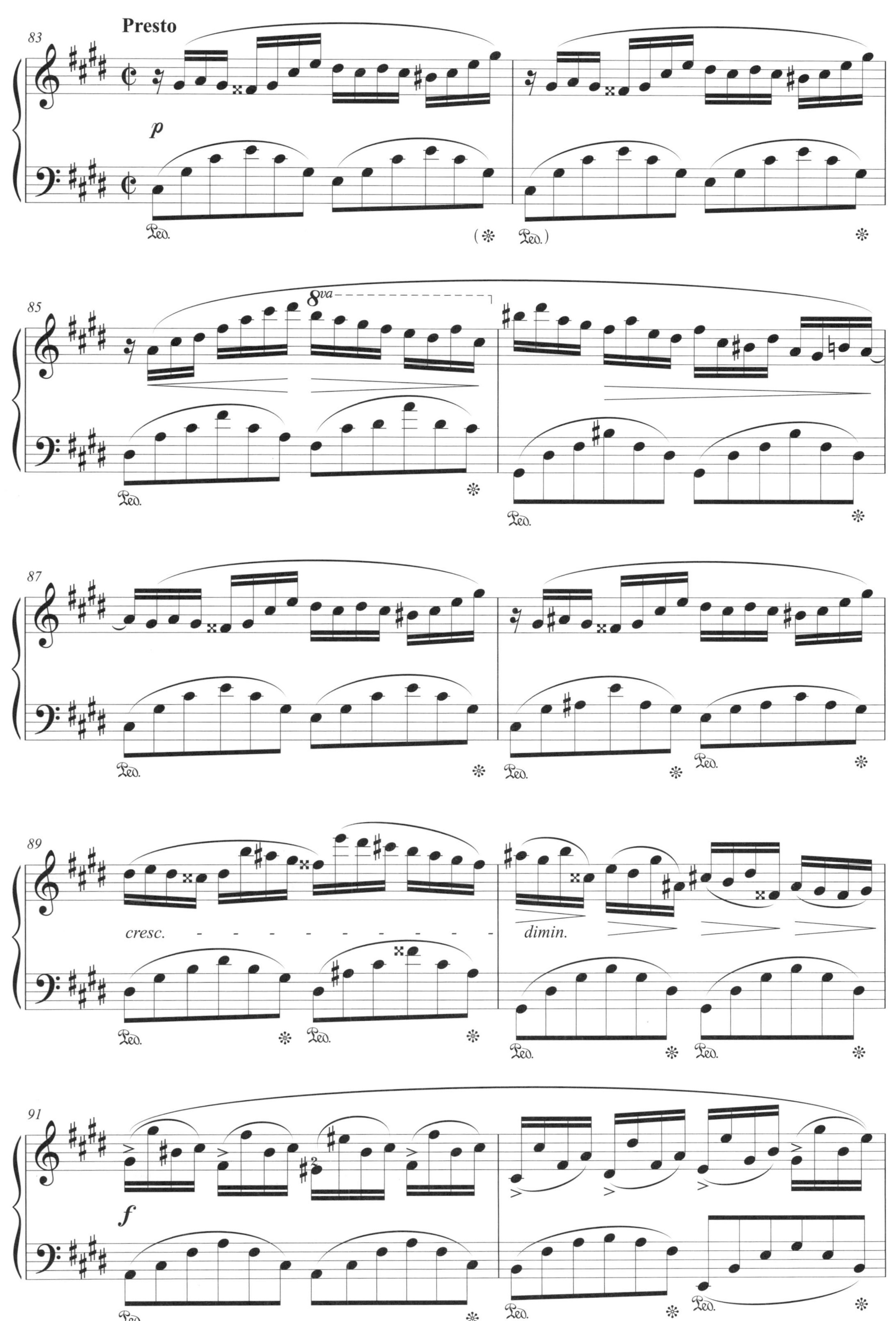
Presto
83
p
Ped.
(* Ped.)
85
8va
Ped.
Ped.
87
Ped.
Ped.
Ped.
89
cresc.
dimin.
Ped.
Ped.
Ped.
91
f
Ped.
Ped.

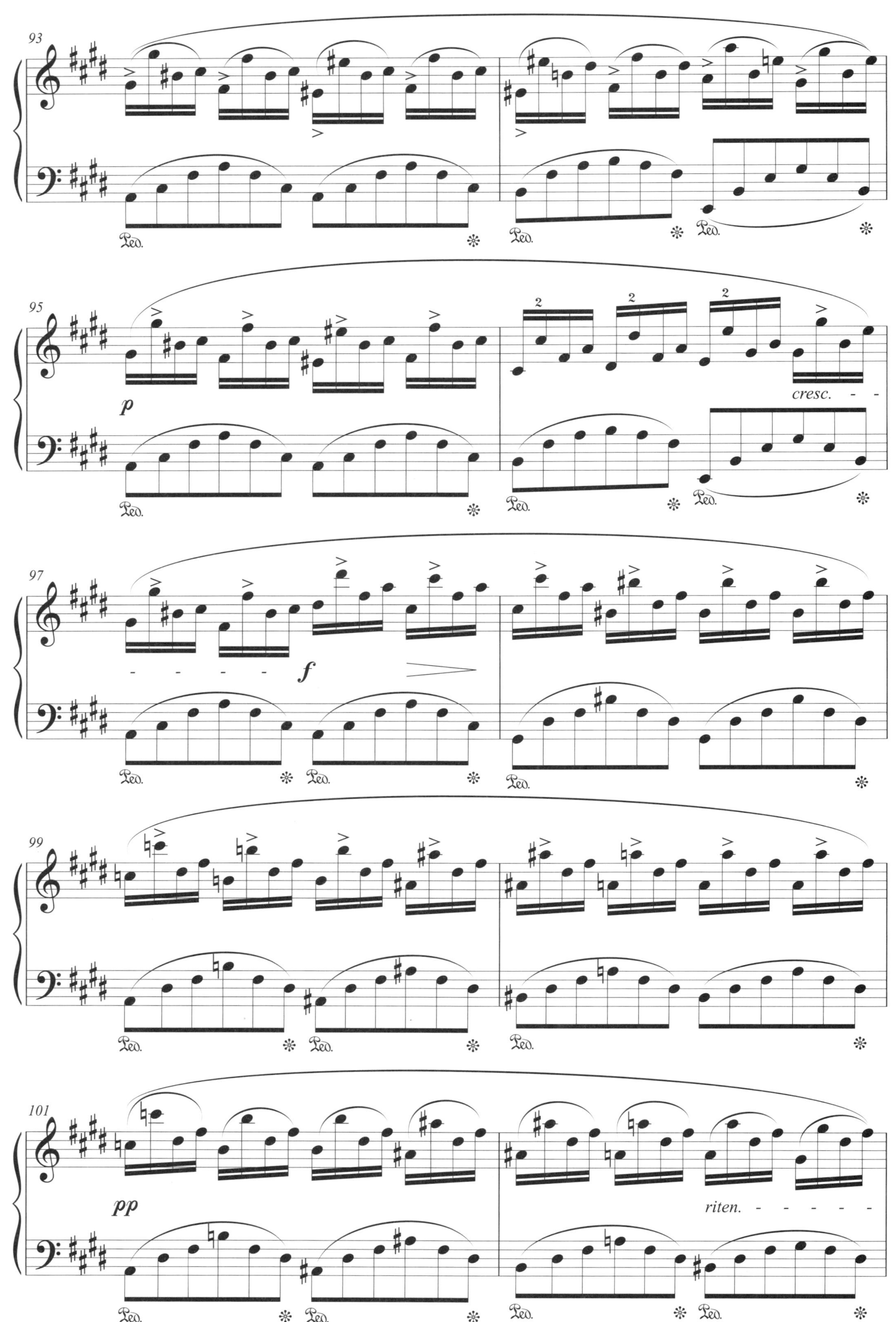

93
95
p
cresc.
97
f
99
101
pp
riten.
Ped.
86

103
a tempo
p
Ped.
105
8va
Ped.
Ped.
107
cresc.
Ped.
Ped.
Ped.
Ped.
109
sempre cresc.
Ped.
Ped.
Ped.
Ped.
111
Ped.
Ped.
Ped.
Ped.

하나하나 연주하기보다는 단숨에 길게 하나로
도약 급하지 않게

125
3 2   4 3   3 2
poco a poco dimi - nu - - - - - en - - do
p
Ped.

128
pp   il canto marcato
2
5
왼손 엄지 소리가 뚜렷하게
왼손 Cello 노래하듯
1   3   1   2
Ped.

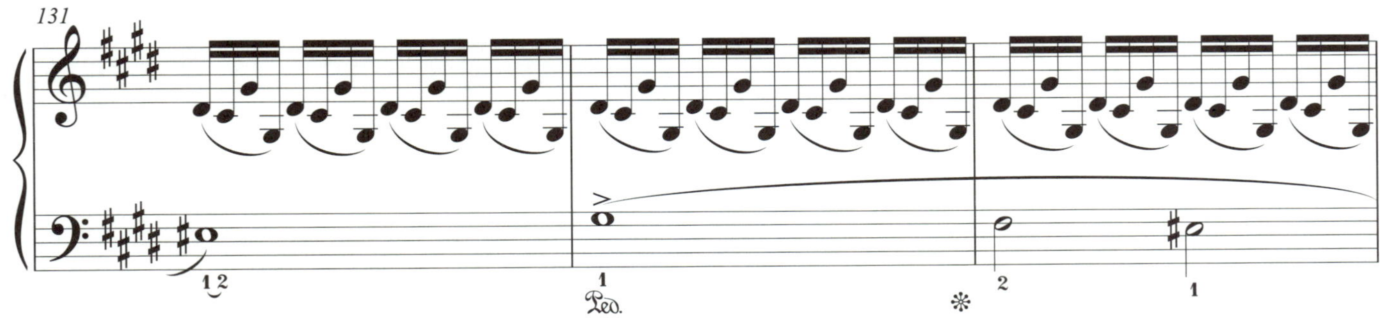
131
1 2
1
2   1
Ped.

134
3
1   2
4
Ped.

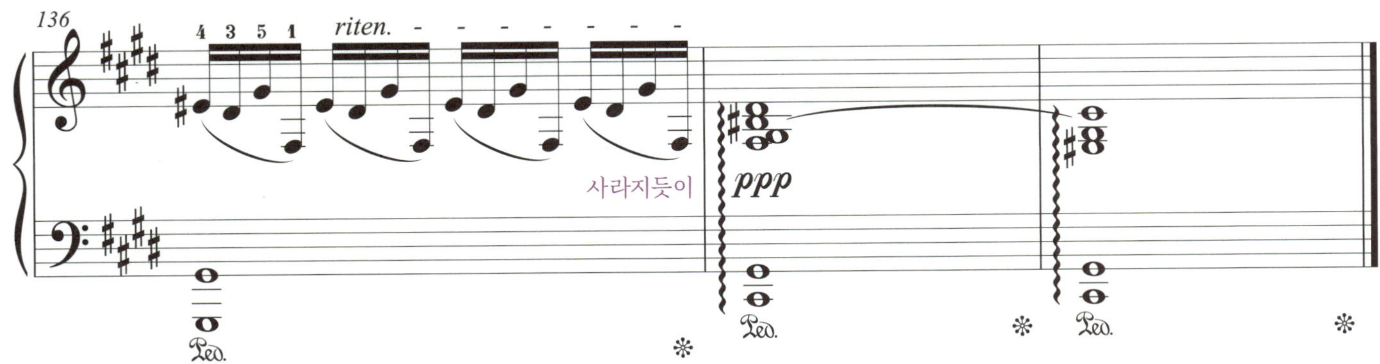
136
4 3 5 1   riten. - - - - - -
사라지듯이
ppp
Ped.   Ped.

Ballade in g minor

Op. 23

F. Chopin

중요! 다른 길로 인도하는 화음
Pedal 오른손 첫 박에 바꾸기
p
왼손
듣기
riten.
Ballade in g minor 91

노래하듯, 급하지 않게
멀리서 들려오는 소리
agitato
가까워짐
다급해지고 커짐
점점 빠르게
sempre più mosso
빠른 Tempo
왼손 선명하고 중요하게

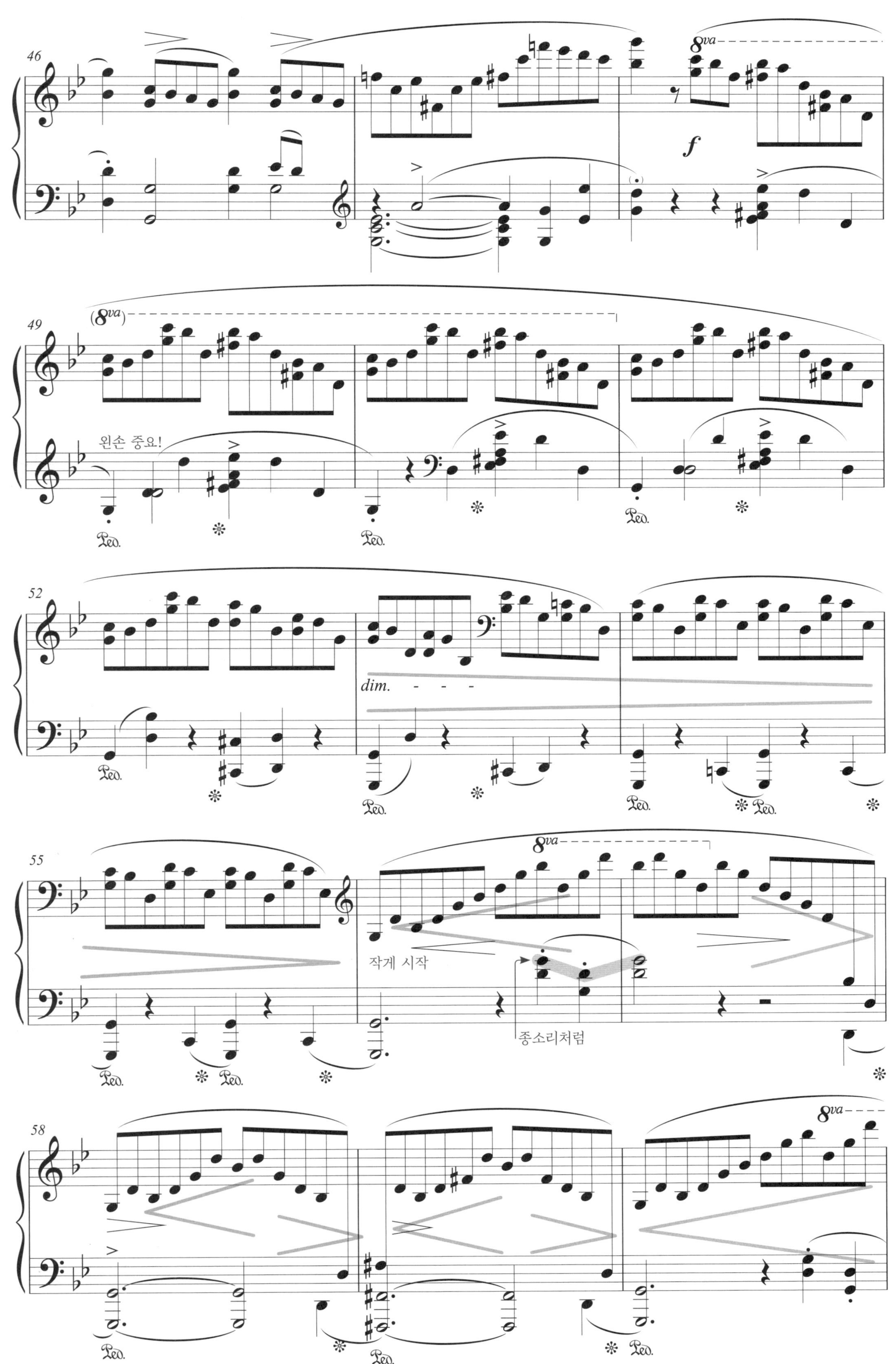

왼손 중요!
작게 시작
종소리처럼

차츰 작아짐
calando
8va
smorz.
8va
riten.
왼손 윗소리
뿔나팔 소리처럼
Meno mosso
sotto voce 오른손 윗소리 노래하듯이
pp
Ped. 왼손이 6박자 반주를 유연하게
3

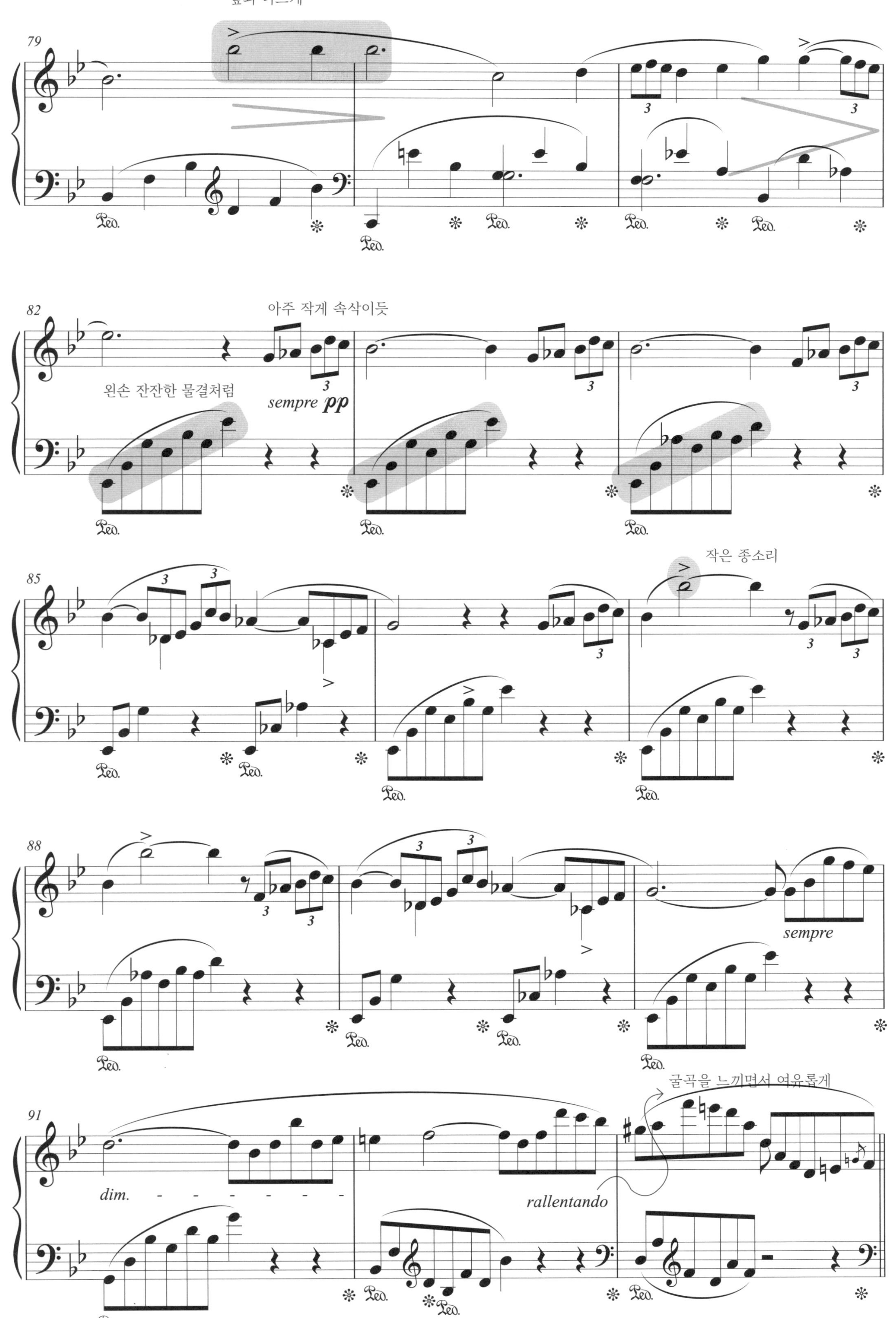

79
앞과 다르게
82
아주 작게 속삭이듯
왼손 잔잔한 물결처럼
sempre pp
85
작은 종소리
88
sempre
91
dim.
굴곡을 느끼면서 여유롭게
rallentando

Ballade in f minor

Op. 52

아주 작게 시작
눌러주듯이
작게 시작
Bass 잘 듣고
Ped.
Ped.
Ped.

레벨이 올라가듯이
반복음 다 똑같지 않게
여리게, 힘이 다 빠진 것처럼
dimin.
Ped.
윗소리 연못에서 떠오르듯이
지하 세계로 들어가듯
pp
긴 Phrase 끊어지지 않게 주의
legato
Ped.

42
Color Change
Ped.
u.c.
(왼쪽 페달)
46
mezza voce
앞보다 조금 더 크게! (고조)
Ped.
Ped.
Ped.
t.c. (왼쪽 페달 떼기)
49
중요
2중주
Ped.
Ped.
Ped.
Ped.
52
Ped.
Ped.
Ped.
55
rit. 조금
ten.
테누토
중요하게
많이 작아지며
풀리듯이
Ped.
Ped.
Ped.

로베르트 슈만

(Robert Schumann, 1810~1856)

  슈만은 '낭만주의의 아이콘'이라고 해도 좋을 정도로 낭만주의 시대를 대표하는 작곡가입니다. 슈만 역시 피아니스트를 꿈꾸던, 피아노를 아주 사랑하는 작곡가였기 때문에 피아노 작품을 아주 많이 남겼는데요. 그의 작품 중 가장 유명하다고 해도 과언이 아닌 작품, 바로 '트로이메라이(꿈)'를 수록하여 보았습니다.

  이 작품은 「어린이의 정경」이라는 13개의 소품 모음집 가운데 7번째 곡으로 어린이들의 모습을 담았다기보다는 어른이 된 슈만이 어린 시절을 회상하는 작품이라고 할 수 있습니다. 여러분의 어린 시절을 떠올리며 그 시절 꾸었던 꿈을 생각하며 연주해 보세요. 간단해 보이는 짧은 곡이지만 Layer(층)가 워낙 다양하여 쉽지 않은 작품이랍니다.

Träumerei

from 「Kinderszene」 Op. 15

R. Schumann

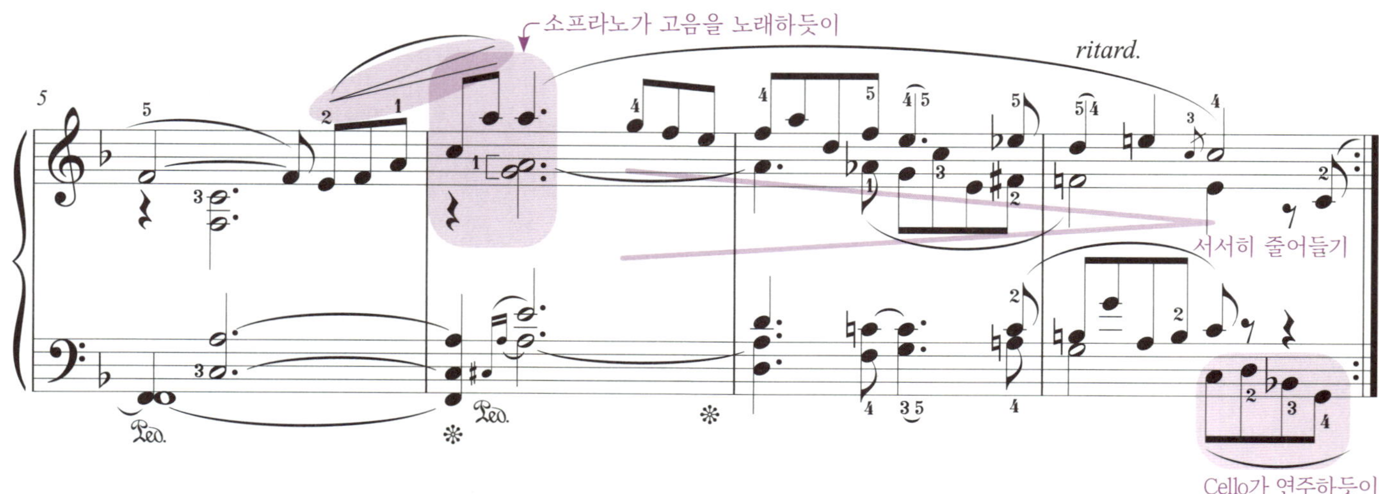

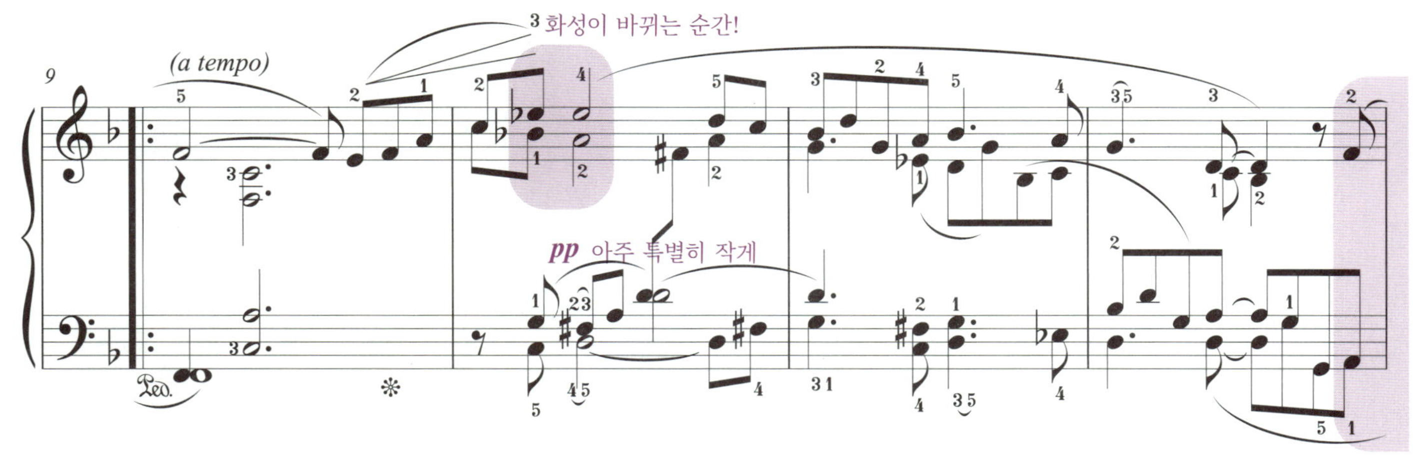
9
(a tempo)
3 화성이 바뀌는 순간!
pp 아주 특별히 작게

13
충분하게
ritard.
조바꿈을 느끼며
한층 밝게

17
(a tempo)
집에 돌아온 느낌
앞보다 잔잔하게

21
ritardando - - - - - -
여유있게 도약하기
p
아주 특별하게 'pp'
rit.
p

클로드 드뷔시

(Claude Debussy, 1862~1918)

프랑스 인상주의 음악의 대표적 작곡가인 드뷔시는 독특한 자기만의 색깔을 가지고 대중들이 좋아하는 작품을 많이 남겼는데요.

그중 '달빛'은 드뷔시 작품 중에서도 가장 인기 있는 작품이라고 할 수 있습니다. 드뷔시 특유의 회화적인, 눈에 보이는 듯한 아름다운 선율이 인상적인 작품인데요. 화음을 생각보다 작게 연주하는 것이나 반주 선율을 조용하게 연주하는 것, 은은하게 흘러가는 음악적인 움직임이 까다로운 작품입니다. 화음에서 어떤 색깔이 나면 좋을지 상상하면서 연주해 보세요.

Clair de Lune

from「Suite Bergamasque」

C. Debussy

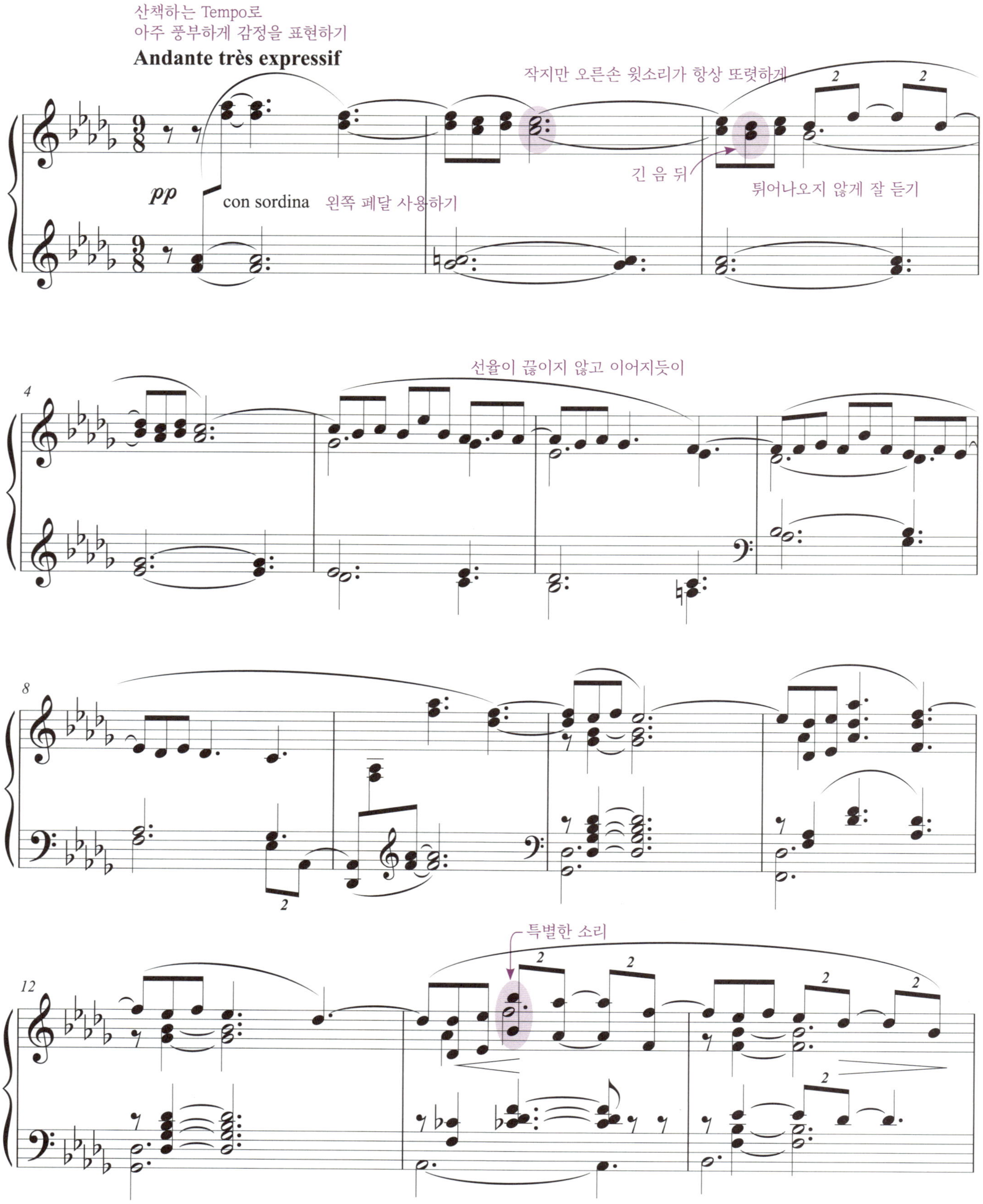

Tempo rubato
윗소리 반짝반짝하게
큰 도약 느끼며 여유롭게
pp
m.g.
조금씩 커지며 조금씩 빨라지는 느낌으로
peu à peu cresc. et animé
분수가 펼쳐지듯이
8va
dim.
molto
많이 작아지기
Un poco mosso (조금 빠른 Tempo로)
오른손 윗소리 Line 끊어지지 않고 선명하게
pp
16분음표는 반주(더 작게)

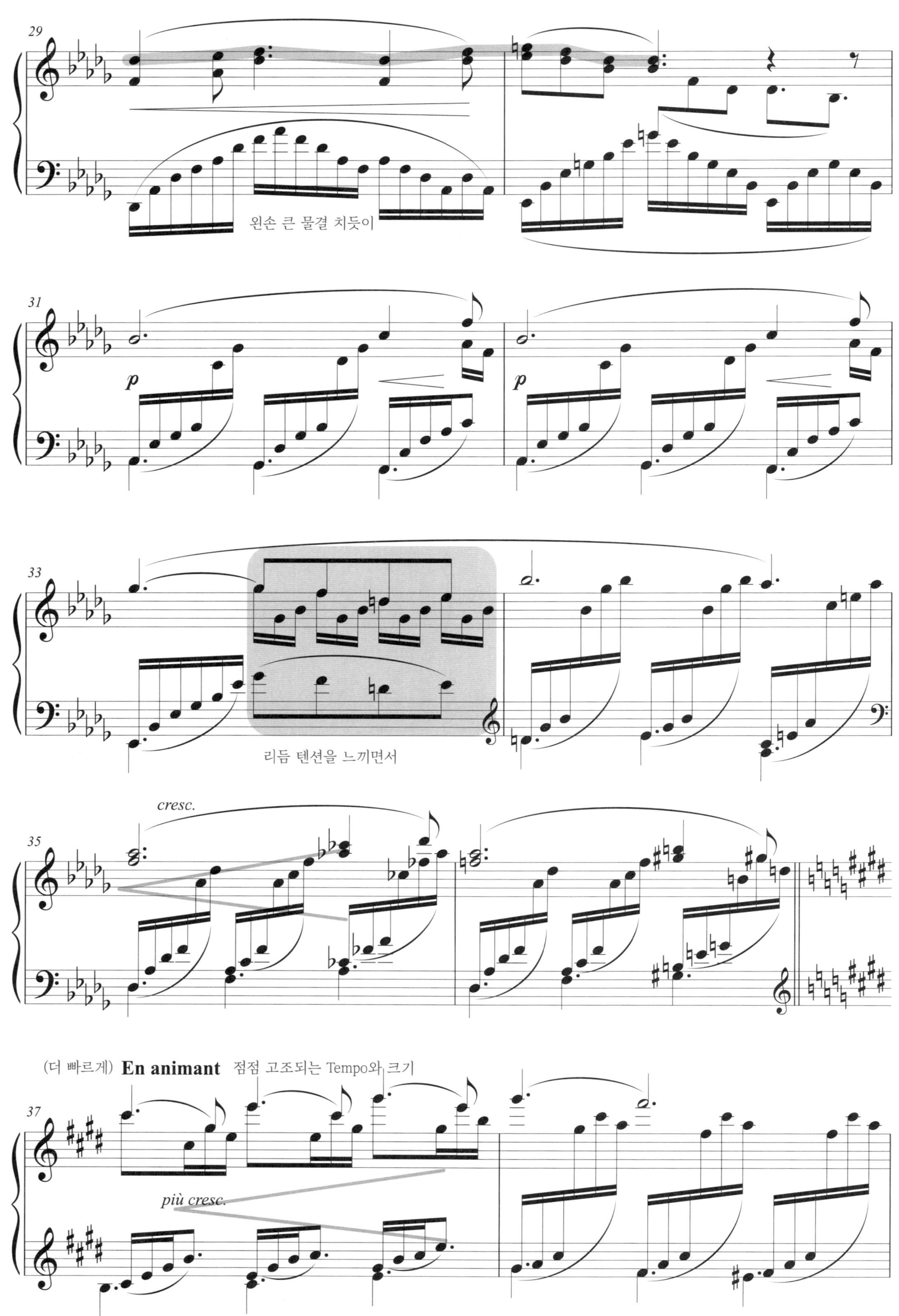

29
왼손 큰 물결 치듯이
31
p
p
33
리듬 텐션을 느끼면서
cresc.
35
(더 빠르게) En animant 점점 고조되는 Tempo와 크기
37
più cresc.

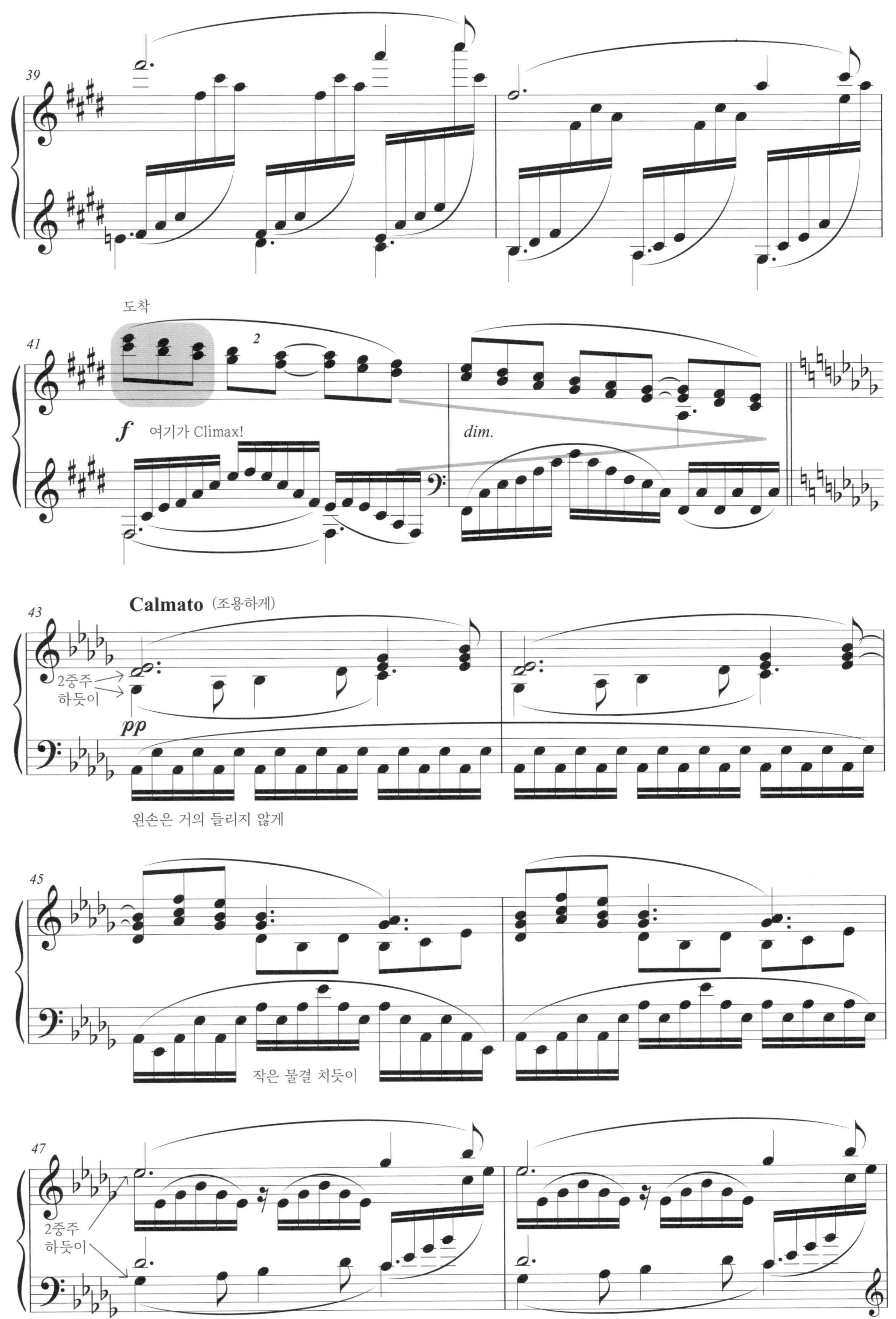

39
41
도착
2
f 여기가 Climax!
dim.
43
Calmato (조용하게)
2중주
하듯이
pp
왼손은 거의 들리지 않게
45
작은 물결 치듯이
47
2중주
하듯이

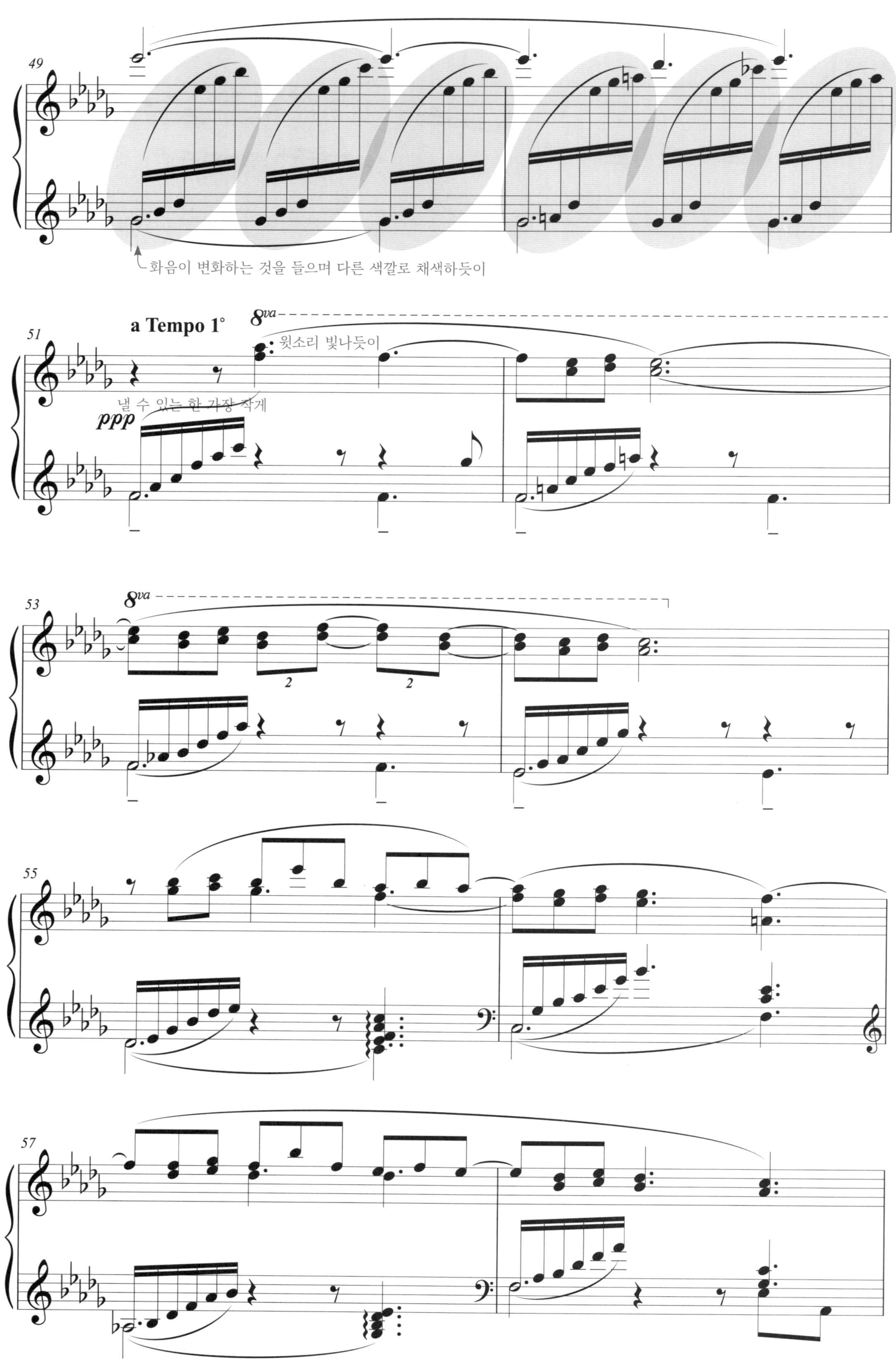

화음이 변화하는 것을 들으며 다른 색깔로 채색하듯이
a Tempo 1°
8va
윗소리 빛나듯이
낼 수 있는 한 가장 작게
ppp
8va

pp
중요한 소리
살짝 커졌다가
줄어들기
pp morendo juspu'à la fin 마지막까지 점점 느려지고 약해지기
rit.
연기처럼 사라지듯

에릭 사티

(Erik Satie, 1866~1925)

20세기 가장 독특한 작곡가라 할 수 있는 에릭 사티는 똑같은 우산과 손수건을 수십 개씩 수집하거나 흰색 음식만 먹는 괴짜 작곡가였습니다. '바싹 마른 태아' 같은 음악적으로도 특이하고 재미있는 제목을 가진 작품을 많이 작곡하였습니다.

'짐노페디'는 고대 그리스에 관심이 많았던 사티가 고대 그리스어 '축제에서 벌거벗고 춤추는 소년들'을 의미하는 단어로 제목을 붙인 작품입니다. 단순하면서도 최면적인, 느리고 슬픈 멜로디는 오묘한 매력을 가지며 현대 대중들을 사로잡았습니다. 한 침대 회사의 광고 음악으로도 유명하지요! 이 작품은 초보인 분들도 얼마든지 도전해 볼 만한 단순한 구조를 가지고 있습니다. 전체적으로 어디까지 하나로 프레이즈를 묶으면 좋을지 코멘트를 참고하면서 연주해 보세요.

Gymnopédie

No. 1

E. Satie

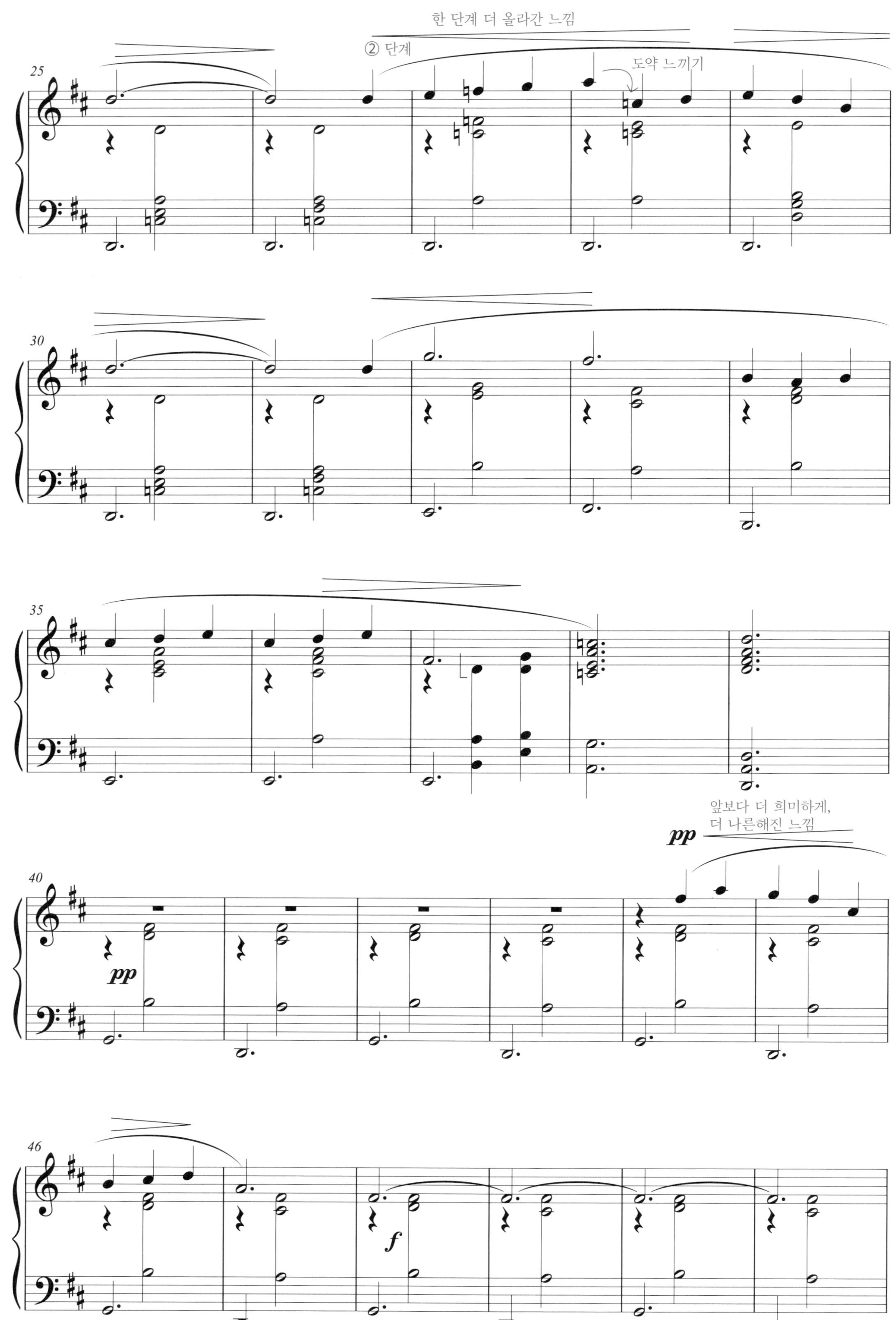
한 단계 더 올라간 느낌
② 단계
도약 느끼기
앞보다 더 희미하게,
더 나른해진 느낌
pp
pp
f
25
30
35
40
46

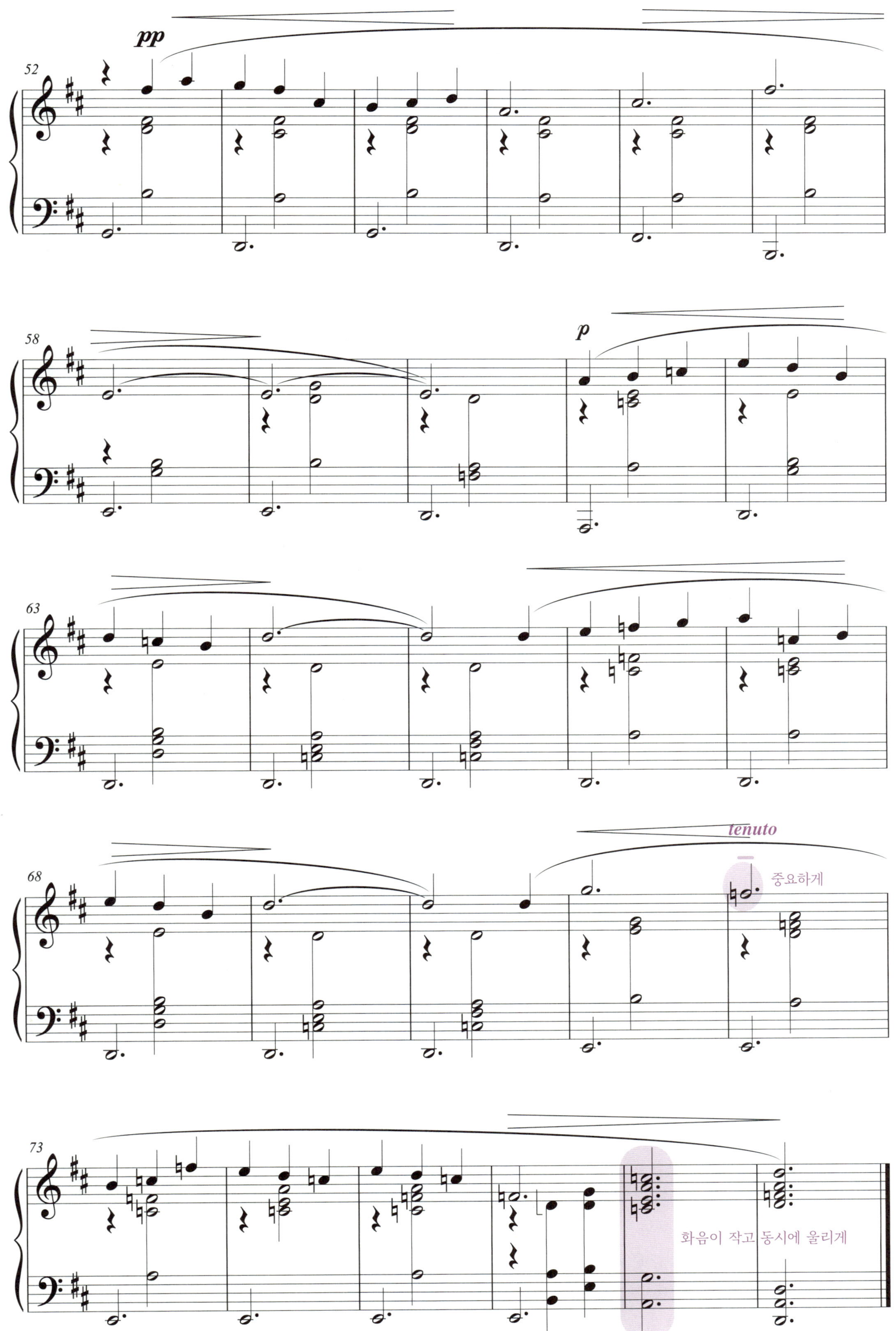

pp
p
tenuto
중요하게
화음이 작고 동시에 울리게

✦ 초심자부터 전공자까지 ✦

콩쿠르와 연주회를 위한

정소윤의

이지 클래식
EASY CLASSIC

발행일 2024년 2월 20일

편저 정소윤
발행인 최우진
편집 김은주 · **디자인** 박경미

발행처 그래서음악(somusic)
출판등록 2020년 6월 11일 제 2020-000060호
주소 (본사)경기도 성남시 분당구 정자일로 177
　　　(연구소)서울시 서초구 방배4동 1426
이메일 somusicu@naver.com

ISBN 979-11-92447-91-9 (93670)